JN162703

ヨガとシンプルライフ

みぅ

はじめに

ズボラで掃除・洗濯・料理が苦手。ファーストフードで済ませる食事。買い物が大好きで毎月服も靴もたくさん買うのに「服がない」と悩み、月末には「お金がない」。友だちと会えば仕事の愚痴で、肩こり腰痛など常に体調不良。マッサージと薬を手放せず、体も心もストレスで満杯。状況を人のせいにして家族や恋人に当たり、「うまくいかない人生」だなんて思っている。……これは過去の私の姿です。

限界を感じた私は、このストレスと体調不良を何とかしようとヨガ教室に通うようになりました。それからです。暮らしが、少しずつ変わり始めました。

まずは部屋を〝ヨガをしやすい空間〟へと変えました。食への意識も変わり、丁寧に料理をするようになりました。でもズボラな性格は変わらないから、できる範囲で楽しめる工夫をするようになりました。

そして、〝ヨガマットの上で呼吸を整え、体を動かす〟というシンプルなことが、私にゆとりと癒しを教えてくれたのです。ヨガが終わってマットに寝転ぶ瞬間は、とても不思議な、満たされた感覚。

「呼吸は吐く息から」「余分な力を手放す」「無理し

ない」――体を動かしながら学んだことは、暮らしそのものに役立つことばかり。ヨガをすることが、そのまま「シンプルな暮らし」へとつながりました。

自分ではわからなかった心のことに気づかせてくれたのも、ヨガです。ずっと「足りない」「もっと頑張らなきゃいけない」と思い続けていた。そんなに気を張っていたことに、気づいていなかった。

昨年、母の病と死を経験しました。改めて自分にとって本当に大切なことを考えた時、「ミニマリスト」という〝本当に必要な最小限のものだけを持つ〟生き方を知りました。こんなにものを抱えていなくてもいいのだと思うと、心が軽くなり、実際に荷物も軽くなりました。大事なもののために行動できるよう、自分を身軽にしておきたいと思ったのです。

とはいえ自分のことを厳格な「ミニマリスト」とは思っていません。ストイックにものごとをそぎ落とすだけでなく、気楽にリラックスして暮らしたい。それが私なりのシンプルライフだと思っています。

この一冊が、暮らしを心地よくする何かのヒントになれば嬉しく思います。

1

シンプルに暮らすということ

2

シンプルなインテリアともの選び

3

五感で楽しむ暮らし

4

掃除と洗濯のシンプルな工夫

5

引き算のファッション

6

使わない美容法

7

食べ物と健康

8

暮らしによりそうヨガ

9

ヨガとシンプルライフ

私の現在までのヒストリー

受験にも就活にも失敗し、転職も何度か。本命にはいつも振られ、“2番目のこと”で人生を歩んできた気がします。ヨガに出会うまでは。

学生時代と就活失敗

文章を書くのが好きな子どもでしたが、クラスで作品をからかわれたことをきっかけに封印。中学からは身を守るためにファッションに力を入れ、交友関係も変わりました。大学は第一志望校に入れず、“まあまあ興味のあった”第二志望校の仏教史学を専攻。とはいえここでヨガの存在を知り、独学で始めるきっかけを得たので、後から考えればこの受験は成功だったとも言えます。就活での第一志望は、ファッション誌の編集者でした。けれど、どこを受けても不採用。“まあまあ興味のあった”ウェブの広告会社に入りました。

熾烈な社会人時代

ウェブ広告の会社は、入ってみるとあまりにも想定外な仕事内容でした。すぐに転職活動をし、百貨店で販売員として働くことに。一見華やかに見えるアパレルの世界ですが、内部には熾烈な販売競争がありました。事務所の壁には成績表が貼り出され、お客さまの奪い合いや妬みそねみが渦巻くストレスフルな生活。精神的に切迫して体調もボロボロ、買い物に依存してクローゼットはパンパンでした。この頃の私は、性格も顔つきもとてもきつかったと思います。この状態から抜け出したくて、ヨガに本格的に取り組むことに。

ヨガとの出会いから現在へ

通勤途中にあるスタジオで何の気なしに受けたクラスは、呼吸に合わせ流れるようにポーズを続ける「アシュタンガヨガ」でした。ヨガの練習を進めるにつれ、大量の服や痛いハイヒールは自分には必要のないもので、本当に望んでいるのはシンプルなことだとわかるように。ヨガから授かった恩恵は大きく、ほかの人にも伝えられたらとヨガインストラクターになりました。結婚して京都から東京へ移り住み、母の病と死をきっかけに京都に戻ってきて—。環境は変われど、ヨガの知恵と恩恵を感じながら暮らしを楽しんでいます。

シンプルライフのきっかけ

仕事前にヨガをするため、
夜遊びをやめ早起きに。
家でヨガをするため、
部屋からものを減らしました。
生活は、どんどんシンプルに。

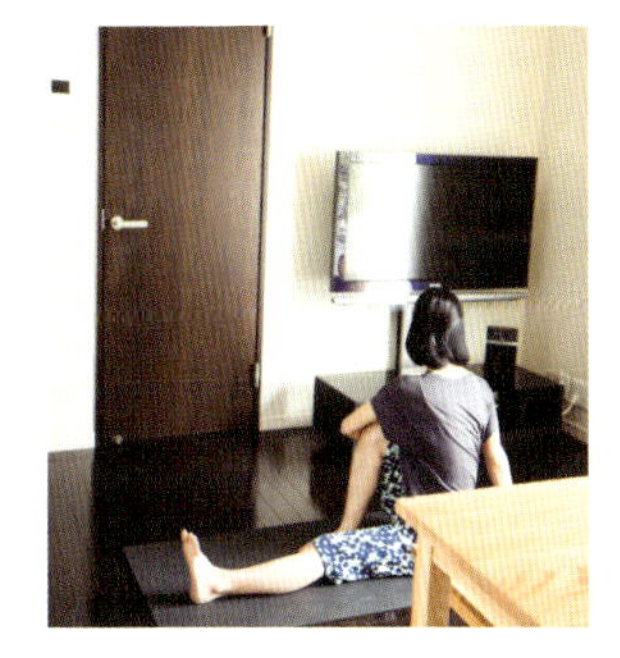

ヨガをするスペースがほしい！

「家でもヨガマットを敷いてちゃんと練習したい」と思ったことが、部屋を片付け始めたきっかけです。マットを敷く床面が必要なのはもちろんのこと、何もないヨガスタジオでは集中できるのに、さまざまなものが目に入ってくる自宅では雑念が湧いてしまうことが嫌でした。まずは環境を整えようと、なるべくものを減らした静かな空間を作ることに。今は家族がいる空間でも集中できるようになりましたが、いずれはさらにどんな場所でも集中できるようになるのが目標です。

ヨガでものが減ってくる

ヨガの練習は、自分の中にある固定観念を取り除いていく作業でもあります。これほどの量の服が本当に必要だろうか？　こんなに負担を感じる人間関係に固執する必要はあるのだろうか？　自分が絶対と思っていたことは、本当に必要なこと？　ヨガをしていると、自分の内面を観察する時間がたっぷり取れます。すると自然と手放すタイミングが見えてくる。ものが減ると、管理や片付けなどの手間が減り、さらにヨガをする時間を取れるように。余計なものがなくなり、自分にとって本当に必要なものだけが光るシンプルな暮らしになりました。

ヨガのある暮らし、暮らしというヨガ

ヨガの知恵は、家事や暮らしの在り方にも大きく影響し、余計なものには「本当に必要？」と問いかける力を与えてくれました。ヨガが日常にあると集中力が上がり、体の調整ができ、五感も冴えるので、発見することも増えました。暮らしとヨガはいつも寄り添い、お互いを高め合ってくれているように感じています。ヨガスタジオに通うことだけがヨガではありません。家事や仕事の最中も深呼吸をしてみたり、体が疲れたなと感じたらストレッチしてみたり。そういう、暮らしの中に生きるヨガを大切にしたいと思っています。

間取り

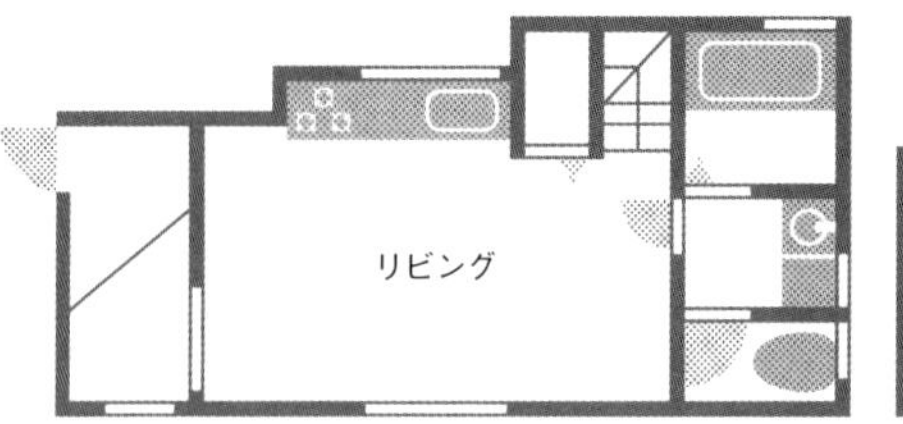

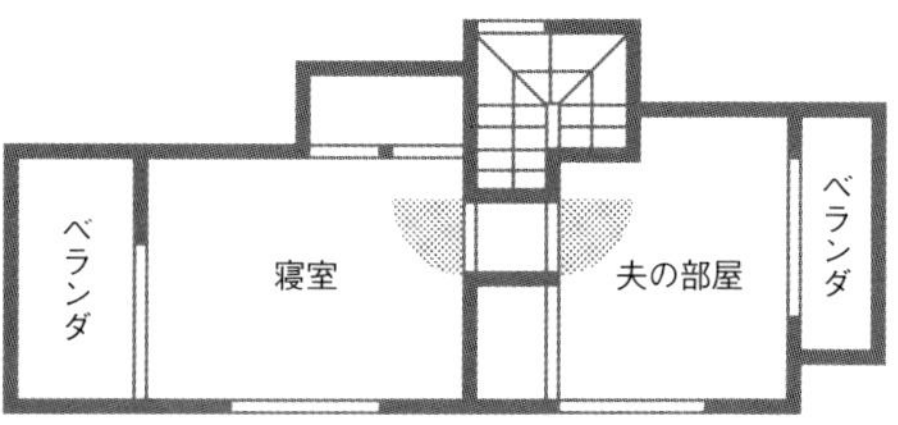

実家から車で10分とかからない場所に見つけた、一軒の借家。実家にご飯を持って行ったり、実家猫に会いに行くのにちょうどいい距離感。ふたり住まいのシンプルライフには十分な広さを感じています。

平均的な1日のスケジュール

06:00	起床 洗顔
06:10	朝食&お弁当作り、コーヒーを淹れる
06:45	ストレッチ&簡単なヨガや呼吸法など
07:00	夫が起床
07:45	夫が出勤後、掃除、洗濯、ヨガなど
09:30	自由時間 (ヨガのレッスン、ない時は実家の手伝い・事務仕事・ブログを書く)
12:00	昼食
13:00	自由時間(ヨガのレッスン、ない時は事務仕事、読書、買い物など)
17:00	洗濯ものを取り込む、畳む
17:30	晩御飯の準備
18:45	夫が帰宅、実家で夕食を食べることも ヨガの夜レッスンに行く場合は、ご飯を作っていく
19:00	夕食〜片付け
20:00	自由時間(お茶やTVなど夫婦で楽しんだり。 ネット、読書、ヨガや瞑想、マッサージなど一人で楽しんだり)
22:00	お風呂
22:55	軽く片付け、リビングを箒で掃いておく。
23:00	睡眠

1

シンプルに
暮らすということ

目指すのは、行き過ぎないちょうどいいバランス

ヨガを始めた当初、スタジオのようなスッキリとした空間に憧れて、多くのものを手放しました。当時住んでいた実家の部屋に残ったのは、ベッドと棚が1つのみ。

主人との2人暮らしとなった今、捨てたい！　片づけたい！　と思うものは多々あります。けれど、私にとってどうでもいいものが、主人にとっては大事なものということも。私だって、写真立てや人形など、必需品ではない捨てられないものが多々あるのですから。

シンプルに暮らすために、ものは極力減らしたい。けれど、心地よく感じるためのものや、家族の大事なものまで無理して手放す必要はないと感じています。

人生の大半を直感と感覚に頼ってきた私ですが、ヨガに出会ってからは「バランス」の大切さに気づきました。家に置いておくものを選ぶ際にも、家族とのバランス、心地よさと合理性のバランス、理想と実生活のバランスが必要。

そこから生まれた持ちものに対するスタンスは、「心地よく使える」「管理ができる」「使いこなせる」の3点です。スタンスが決まってからは、もの選びが随分とラクに。気に入ったものを見つけ、長く使えるようになったのでした。

私にとってのシンプルライフとは？

今世間には、「ミニマリスト」「ナチュラルライフ」「ロハス」等々、様々な生き方を追求している方がたくさんいます。でも私は、それらのどの言葉にも当てはまるようで当てはまらない。私の暮らしはそこまでミニマムでも、ナチュラルでもないのです。

私にとっての「自然」で「シンプル」な暮らしとは、何らかの肩書きに見合う道を追求することではありません。今の自分と家族がどんな状態で、何を必要としているのか。よく考えてみれば不要なものごとに煩わされていないか。どうすれば健康で、心地よくラクな暮らしができるのか。それを考えて実践する生活が、私にとってのシンプルライフです。

ヨガで倒立していると、バランスを崩して傾く日もあります。心あらずで挑戦すると、ブレて倒れたり。でも、ヨガで一番目指したいところは、ブレない体ではなく、「ブレている自分を静かに見守ることのできる心」。ヨガでも生活でも、行動にブレの出ることはある。それは要するに、「良い加減」ということです。「今ここ」の自分に気づきながら、良い加減で心地よく暮らしたい。それもまた、私のシンプルライフなのです。

何のためのシンプルライフ？

ヨガをきっかけにシンプルライフを始めてみた結果、予想外のたくさんの恩恵を授かりました。私が、特に強く感じる5つのポイント。

1

心に余裕を持つ

持ちものを大きく減らしたおかげで、管理や掃除の手間が激減しました。家事に時間がかからないため、心にもゆとりが。またリビングに雑多なものがなく、カフェのように落ち着いた空間になったことで、読書や事務作業も集中してできるように。

2

家族に時間を使う

生活をシンプルにしておくと、家族への手助けも身軽にできるようになります。母を亡くしてからは実家の父と弟の食事を作ったり、今までおざなりにしてしまっていた家族のことを考えられるようになったり。軽やかな暮らしが基盤にあってこそ、できること。

3

変化に身軽に柔軟に

家族の病や、夫の転勤等々、変化はいつ訪れるかわかりません。持ちものや煩わされるものごとが少なければ、その時々で一番大切にすべきことや、何が自分にできることかを明確にしやすい。荷物が軽いとフットワークよく動けるのは、体も心も同じかも。

4

お金にとらわれない

服にお金をかけていた頃は、今より収入があったにもかかわらず「お金がない」が口癖でした。ヨガを始めてからはストレスのはけ口に買いものをすることもなくなり、自分をよく見せたいという見栄もなくなり、お金と幸せに関係はないと気づきました。

5

急な予定にも対応

突然の「遊びに行ってもいい？」にもサッサとできる身支度と簡単掃除で対応できるのが、シンプルライフのよいところ。身づくろいにものを必要としないから、予定外の温泉にだって気軽に寄れてしまいます。行動がとても身軽になりました。

私の
シンプルライフと
ヨガの師匠

正直で、ありのまま。心地のいい場所を見つけるのが上手。きれい好きで、いつも清潔。柔軟でしなやかな体。リラックスの天才……猫はまさに、私の在りたい姿そのものです。

猫がお手本
ヨガのポーズもくつろぎ方も

子どものころから猫が好きでした。『魔女の宅急便』のジジのような猫を飼いたいと夢見ていました。ヨガを始め、実家が猫を飼い始めてからは、さらに猫を好きになりました。というのも、猫は私のヨガの師匠であり、生き方の師匠になったからです。

ヨガには「猫のポーズ」という体勢があるのですが、猫はそれ以外にもヨガのポーズにそっくりな動作をたくさんします。私は片足を頭の後ろにかけるポーズが苦手

なのですが、猫が同じような体勢で毛づくろいをしているのを見て「なるほど、背中を丸く使うのね！」とヒントをもらったり。倒立のポーズで立つときに、猫が指先を開いて足を伸ばすのを思い出し、足の指先まで意識することを取り入れたら安定したり。

猫はもちろん、意識してやっているわけではありません。寝て起きて、体をほぐすためにのびのびしているだけ。本能のまま心地いいことをする能力が天才的。人間だって、正しいポーズにこだわるより、ほぐすために自由に伸びればいい。そこに深呼吸を加えれば、それがヨガになっていきます。

「このポーズどうだっけ？」と考えるより、「ここ伸ばしたら気持ちいい～」というところを探して動けばいい。猫みたいにしょっちゅうのびのびしていたら体も凝りにくいし、大あくびで酸素を思いっきり取り入れればスッキリもする。そんなことを、猫師匠から教わりました。

一時私は、「ヨガのポーズ」にこだわりすぎて、できない時は「失敗」と思っていました。ヨガのポーズに失敗などないのに。そんな時、「なに必死にやりすぎてるにゃ」って大あくびした猫に言われた気がして、力が抜けました。師匠のおかげでヨガの練習が深まり、ちょうどいい加減の力の抜き方も伝授いただいたのでした。

ものを少なく保つルール

放っておくといつの間にか増えてしまう「もの」。どんな基準を持てばものの少ない生活ができ、身軽でラクでいられるのか、私なりに考えてみました。

1

自分が管理できる量に

昔お世話になったバイト先の社長は、「自分の足で回って、見て、管理できる分だけ」と決めて支店を出していました。誘われた大きな複合施設のテナント話も断っていました。規模は違うけれど、私も「自分が把握できて、使いこなせて、管理できる分だけ」を大切に持ちたいと思いました。いまだ、把握できていない持ちものもあります。でもそれを、「ま、いっか」と放っておかずに向き合いたい。その姿勢こそが第一歩だと思うからです。

2

1つを多用途に使う

唯一集めているものが、手ぬぐいです。手ぬぐいの汎用性の高さときたら、ハンカチ、バスタオル、ふきんなどにもなり、あらゆる水分に対応。古びればウェスになり、まったく無駄がありません。洗濯せっけんやワセリンなどもそう(P57、P84)。ストックがかさばることもなく、買い物の手間が減って大助かり。1つのものを様々に代用できれば、ものをぐんと減らせます。そして私とって一番の多用途なものはヨガそのもの。

3

自分の定番を見つける

シンプルライフを目指して一番減らしたものは、ファッションアイテムでした。ものすごい量ながら、着ていない服がたくさんありました。今では「着心地がよく」「着回せて」「自分に似合う」服を見つけて定番化し、少量で回しています。少ない服で、おしゃれも楽しみたい。そんな私の気持ちを満たしてくれる大切なアイテムたち。定番が決まっているとムダな買いものがなくなり、時間もコストも浪費しなくて済むのです。

4

買い物欲は
深呼吸で抑える

買い物中はついテンションがあがり、呼吸が浅くなりがちです。そんな状態でストレス発散の買い物をすれば……買うことだけで欲望を満たして、もの自体はさほど使わないという妖怪“カウダケマンゾク”になってしまいます。買い物をする前には深呼吸をして、冷静に「本当に必要か」を自分に問いかけてから。深い呼吸は心と体を緩ませ、目先の欲望ではなく、本当に必要なものを見る助けになると思います。

5

ものより体験に使う

夫婦お互いの誕生日は、ものより体験を贈るようにしています。例えばマッサージやライブ、旅行など。友人の誕生日には、ランチやお花などの消えものがメイン。嬉しいのは、お祝いしてくれているその気持ち。先日、不要なものをリサイクル店に持っていき、得たお金でたい焼きを買って帰ってきました。アツアツを夫婦でほおばりながら思ったのは、こんな何でもない幸せを、きちんと噛みしめながら生きたいということでした。

6

受け取らない、すぐ使う

「無料サンプル」「おまけ」の品は受け取ってしまいがち。でも、使う機会はあまりなく、家に溜まってしまいます。極力もらわないようにしていますが、ハンドクリームなど使うものなら、もらったらすぐに使う。それ以外は手放しますが、心苦しいので、やはりもらわないのが一番ですね。いくら無料でも、小さなものでも、自分にとって必要なものかを見つめることで、ものとの付き合い方、暮らし方が少しずつ変わっていく気がします。

シンプルライフと母のこと

昨年の春、母を亡くしました。突然下った1年の余命宣告から、たった1か月で母は旅立ってしまいました。余命の知らせがあったのは、実家の京都から離れた東京にいた頃。「すぐに京都に引っ越そう」と言ってくれた夫に、どれだけ救われたことか。

この時、ミニマリストという生き方を知っていてよかったと感じました。「母のそばで看病する。そのために一旦仕事をやめて引っ越す」。これをすぐに決断できたのは、「今一番大事なことに集中する。そのために手放せるものは潔く手放す」という考えが心に根づいていたこともあります。

この時期は本当につらくて、体から水分がなくなるかと思うほど泣きました。でも、毎日を大切に、丁寧に生きるきっかけを与えてもくれた。大切な人の声を聞けるということが、こんなに幸せだなんて。

そして、部屋の中で茫然としながらも、「ここにあるものので、母の命より大切なものはひとつもないな」と感じました。母が亡くなってからも改めて、自分のためのものはそんなに必要ないと感じます。

その後遺品整理をしていた時、母のものを手放すのがつらかったけれど、ふと「母が本当に大事にしていたものは、私だ。そのことはものを捨てても消えない」と思ったのです。「自分を大切に生きる」「家族を大切に思う」「母の気持ちを受け継いで生きる」。それこそが、供養。そしてそれはまさに、私がシンプルライフを送りたいと思う目標と合致するのでした。

母の描いてくれた私たち夫婦のイラスト。母は、どんなに体がつらい時でも愚痴を言わず、私たち家族を気遣ってくれる人でした。

2

シンプルな
インテリアと
もの選び

おうちカフェできるようなゆとりある空間を

引っ越しをきっかけに、リビングにあったローテーブルを手放しました。ダイニングテーブルがあれば読書もパソコン仕事も、お茶もできるからです。こうしてものを減らすにつれ、部屋に溢れていた雑多な情報が減っていき、ゆったりと落ち着ける家へと変わっていきました。

以前はよくカフェに出かけて本を読んだりしていたのですが、今は通う頻度は減りました。なぜなら、自分の家の方が居心地がよいから。カフェより静かで、好きな音楽をかけられる。疲れればヨガマットの上でストレッチもできる。カフェにいる時よりも集中して、様々な作業ができるようになったのでした。

家のカフェ化は、休日の過ごし方も変えました。以前は夫とカフェに行くことが多かったのですが、今では散歩やサイクリングの帰りにケーキなどを買ってきて、家でコーヒーを淹れるように。ほかにもドーナツだったり、和菓子だったり、スイーツの選択肢は広がって、コーヒー代は浮いたのかな。

家が狭くても、ものを減らせばゆったり快い空間にすることはできます。インテリアに頭を悩ませるより、収納に工夫を凝らすより、ものを減らせば手っ取り早い。悩ませるもの自体をなくしてしまえば、部屋の中も、頭の中も、スッキリとして簡潔に収まります。

朝いちばんの仕事を大切にする

気持ちのいい朝を過ごせると、その日1日はとても気分よく送れます。だから私にとって朝の時間は本当に大切。

　まずは深呼吸をして、少し体を整えてから朝仕事を始めます。最初の仕事は、コーヒーを淹れること。ゆったりした気持ちでお湯を注いでいると、粉が膨らんでくる様子すら嬉しく感じられる。バタバタしている時は膨らみが悪く、雑な味になってしまったり。入り方でその日の気分がわかる、バロメーターになっているようです。

　そんな大切な仕事だから、やかんとは別にドリップポットも買いました。美味しく入るし、楽しさも一段とアップ。毎日必ずやる仕事だからこそ、それを楽しむ工夫をしたいと思っています。

　そしてこの朝時間に必要なのが、夜寝る前にテーブルを片づけておくということ。読みかけの本やマグカップが出たままになっていると、朝起きてまず散らかったテーブルを片づけなくてはなりません。それはちょっと憂鬱。ものを減らして、寝る前の眠い時間でもサッと片づけられるリビングにしたことは、きれいな部屋でコーヒーを淹れる、朝の幸せにつながっているのです。

飾るものは 1つの棚に 1つだけ

「1つの棚に1つ」とは、
以前勤めていたお店でのルール。
1つのものを際立たせて、
全体をきれいにまとめてくれる。
そして何より、掃除がラク。

上段にいるのは、宝物のジジのぬいぐるみ。下は母の仏壇になっています。この無印良品棚はスペースに合わせて置けるので、引っ越しても使うことができました。

取っておく本は、基本的にこのスペースに入るだけと決めています。ヨガ関連のものが多め。別途、機会が来れば手放す予定の本はクローゼットに。

母が病床で描いてくれた、私たち夫婦の結婚式の時のイラストです。たくさんくれた絵手紙の中でも、一番の宝物。きちんとフレームに入れて、大事に飾っています。

まずは
心地よい
キッチンを

シンク下の棚に、大ぶりの食器やスライサー、タッパーなどを収納。シンク下だからこそ清潔感を保ちたいので、詰め込みすぎないように。

全キッチンツールとラップ類。取り出しやすいよう、重ならない数に。

カトラリー。はじめは来客用も考えましたが、必要をさほど感じず夫婦分しかないものも。

以前住んでいた家より広いキッチンになったのですが、空間や収納に合わせてものを増やさないように心がけました。キッチン台の上に出しているのは、ポットのみ。こまめに水分補給をしたいので、あえて出しっぱなしにしています。鍋でご飯を炊いているので、炊飯器も棚の中。

それもこれも、料理に慣れていなかった新婚当初に〝まずはキッチンに立つことが楽しくなるよう、心地よい場所にしよう〟と決めたから。スッキリしたキッチンにするために、パッケージがうるさいデザインの物は出さないように。出しておくものは自分の好きな見た目のもの、と決めています。

キッチンのお気に入りグッズ

ものを減らすだけでなく、
“何をどのように使うか”
がテーマでした。
料理が苦手だからこそ
キッチンに立つことが
楽しくなるような、
使いやすさと見た目を
大切に考えています。

そうび木のアトリエ「ゴマあたり器」。細かくて美味しいすりゴマができる上、すりながら掌のツボも押せます。

柳宗理のステンレスケトル。お湯が沸くのが早く、持ち手が指にフィットして注ぎやすい。機能性の高さに感動。

にんじん料理などの副菜の幅が広がった千切りスライサー。苦手な千切りがあっという間で、私の救世主です。

ヘンケルスの三徳包丁とグローバルのペティナイフの２本のみ。まな板はアサヒクッキンカット。手入れもしやすい。

パール金属のキッチンばさみ。以前使っていた100均とは比べ物にならない切れ味。外して洗えるのも嬉しい。

サーモスのステンレスポットに、夏は冷水、冬は白湯を常備。テーブルに運べば、作業を中断せずに水分補給。

食器との シンプルな 付き合い方

結婚祝いに新居祝い、うちの器は既に
素敵な頂きもので満ちています。
増やすより、今あるものを充分に活か
すことを考えたい。

食器は外食で楽しむ

食器は好きなのですが「いいな」と思う器を見るたび連れて帰るわけにはいかないから、器の楽しみは外食の時にとっておきます。家に揃いのお皿が4枚なくたっていい。家では、ひとつのミニボウルにスープを入れてもヨーグルトを入れてもいいわけです。

食器棚は持たない

食器棚を探したのですが、大きさや使い勝手の点で気に入ったものを見つけられませんでした。そこで無印良品のユニットシェルフに、ブリ材バスケットを入れて食器棚に。用途に合わせてカスタマイズできるのがいい。

頂きものも普段使いに

頂いた高級な食器。割ったらと思うと使いづらいけど、死蔵させればないのと同じ。そのものも収納スペースももったいないことになってしまいます。だから躊躇なく普段使いに。いつものおかずも華やかに。

寝室は「寝る」ためだけの部屋に

風の通り抜けていく気持ちのいい部屋で、モビールが揺れるのを見ていると癒されます。友人がくれた、フレンステッド社のもの。

一年中使えて収納場所のいらない綿毛布。夫のペンドルトンのブランケットはひざ掛けにも。全身くるまりたい私は大判の綿毛布です。

小豆を入れて手作りしたアイピロー。レンジでチンして、温めてから目にのせます。頂き物のオイルなどは寝室に置いて使い切る工夫。

私の場合、大抵の嫌なことは寝れば忘れられます。そして寝る前のベッドに入って目を閉じている時間は、頭と気持ちの整理ができる大切で大好きな時間。だから、眠りはとても重要です。

そんなわけでベッド選びは慎重に行いました。あれこれ試してしっくり来たのが、このKEYUCAのベッド。掛け布団は1年中、肌触りのよい綿毛布にしています（冬場はプラス羽毛布団）。

以前、ベッドと夫のデスクが同室だったことがあったのですが、配線だらけの部屋で眠るのはやはり落ち着きませんでした。念願だった〝寝るためだけの部屋〟。今では幸せな睡眠を貪っているのです。

玄関は、家の顔 いつでも スッキリと

外からドアを開けた瞬間、
玄関が片付いているだけで
家に「おかえり」と言われている気がします。
靴も夫婦で下駄箱に余裕がある数に。

PLASTEXのじょうろ。玄関先の植物や、室内の観葉植物に水をあげます。出しっぱなしにしていてもうるさくないデザインのものを探しました。

実家猫にそっくりな、リサ・ラーソンの置きもの。結婚して家を出る時に猫と離れるのがつらく、それを感じとった友人が結婚祝いにくれました。

出かける前は鏡の前で身だしなみチェック。それとともに、玄関周りを整えておくと、帰ってきた時の安心感と幸福度が違います。来客にとっても、第一の印象はここ。

捨てるのが苦手な人のためのものを手放すルール

ものは多すぎないほうがいい。けれど、頂きものを過剰に拒んだり、無理に自分のものを捨てたりする必要はないと思います。できる限り、自分の兼ね合いで、無理なく。減らすことがストレスにつながっては意味がありません。

1

使いきる工夫をする

私は本来、「もったいない」と捨てられない人。だから、使いきって減らします。今も、本当はいらないのだけど"使いきっている最中"のものがいくつもあります。おしゃれ着が普段着へ、ウエスへと、最後まで使いきれると気持ちの整理がつく。頂いたろうそくなどもしまい込まず、使う機会が増えるよう工夫しています。

2

気持ちよく手放す

小学1年生の時に叔母にもらったマリメッコのかばんを、その叔母の孫に譲りました。20年の時を超えて、また小学1年生の子に使ってもらえた赤いかばん。こういう手放し方は、幸せだなと思います。以前、定期的に「断捨離会」と称して、いらないものを譲り合う会を仲間と催していたものでした。服にせよ、本にせよ、また使ってくれる人がいるというのは嬉しいことです。

3

壊れたら、減らす

2人暮らしにしては数多くある食器。結婚祝いなどで頂いた記念の品だし、気に入って大切に使っています。けれど、もし壊れてしまったら買い足さない。そうやって総量を減らそうと思っています。今、空気清浄機はさほど必要を感じてはいませんが、せっかくだから使っています。でも壊れたら、手放し、新しくは買いません。

4

タイミングを熟成させる

「使っていないから手放さなきゃ」と無理に思わなくてもいい。本当に使っていないのか観察期間を設けて、ちゃんと納得できたタイミングで手放したいと思います。今観察しているのは炊飯器。お米を鍋で炊く習慣ができたので、近々お別れするかもしれません。それから引っ越しも、持ち物や習慣を見直すいい機会になります。

本はこうして手放す

図書館も利用しますが、それでも毎月数冊の本を買うので溜まっていきます。本の量はスタッキングシェルフの1コーナーに入るだけと決めているので、溢れたら処分の合図です。

1

アウトプットして手放す

「よかったな」と思う本は、ブログに感想を書くようにしています。そうする前は「また読みたくなるかも」となかなか手放せなかったのですが、書くことにより、本の内容や感じたことが胸に強く残るように。記録にも残るから、必要なら取り寄せればいいとも思えます。おかげで、気持ちよく手放せるようになりました。

2

人にあげて手放す

よかった本ほど、ほかの誰かにも読んでほしくなります。自分の本棚に囲って閉じ込めておく方がもったいないと思うようになりました。本好きの友人たちに、「読む？」と聞いては譲っています。その後感想をくれたりするのも楽しい！　自分とは違う視点や感性に触れるチャンスにもなりますね。

3

買い取りサービスを利用する

引っ越す前は古本屋さんが近くにあったので、10冊溜まったら持っていっていました。今住んでいるところは古本屋さんがないので、宅配買取を利用しています。「ブックオフ」「バリューブックス」など、家まで宅配業者が取りに来てくれるのでとても便利です。自分に合ったものを見つけてみてください。

家族と過ごす、シンプルライフ

「ものを減らしたいけど、家族は減らしてくれない」と悩む方は多いと思います。でも快適さを求めてものを減らすのに、それを押し付けて家族と心地よくない関係になっては本末転倒ですね。

私の経験からすると、自分がシンプルに暮らし、心地よさそうにしていたら、自然と家族も理解してくれるようになりました。

理解されたら、次に大事なのは求めすぎないこと。リビングにものを置きっぱなしにしてしまう夫に一時置きを作りましたが、使ってくれないことも。そんな時には目くじら立てずに、気づいた方が気づいたことをやる。そんなゆるいスタンスが必要な気がします。

シンプルライフを家族と一緒に作るコツ

相手を尊重する。自分の意見を押し付けない。わかり合おうとする。自分は自分の暮らしを楽しむ。こういうことを忘れて相手を傷つけないよう、気をつけようと思っています。

1

むやみに勧めない 人を変えようとしない

ヨガの先生に、「あまり人にヨガを勧めないように」と言われたことがあります。父に勧めては反発されていた私は、勧める自分の心の裏を見つめました。そこには、「ヨガをしないなんて！　不健康な生活で自分を大事にしないなんて！」という相手の否定がありました。勧めるのをやめ、自分の練習に集中すると、父はヨガに興味を持ってくれました。シンプルライフも同じことだと思います。

2

部屋に手をつけない 勝手に捨てない

ボロボロのしまうまのペン立て。私からは古びて見えても、夫にとっては子どものころ上野動物園で買った思い出の品。家族の大事なものは、尊重しなくては。そして夫の部屋には口を出さないと決めています。自作のデスクやコンポ、たくさんの筋トレグッズ。そこは夫の城であり、自由です。私の考えを尊重して、夫が譲ってくれることもある。人と暮らす中では、お互いの妥協と思いやりが大切です。

3

ブログや本を効果的に 利用する

ダイニングテーブルに、さりげなくミニマリストさんの本を置いておきました。トラップです。夫はうまい具合に興味を持ってくれて、読んだだけでなく、さらなる情報を求めて検索もしていた模様。近すぎる相手から得る情報より、第三者、それもメディアからの情報の方がすんなり受け取れたりします。ブログを書いている人は、それを見てもらうのも理解を得るにはよい方法です。

物に頼らない贈りもの

ものを減らそうとしていて一番悩むのが、「人からもらった贈り物」です。貯めこまずに使いきるよう心掛けていますが、夫婦間の贈り物は「ものではなく体験」にするようにしています。最近夫にあげたのは、ライブ鑑賞。私がもらったのはタイ古式マッサージ。友人に贈るのは、ランチだったり、お菓子やお花などの消え物にすることが多いです。出産祝いも、「ａｍａｚｏｎギフトカード」にお祝いの言葉を添えて贈り、必要な時に必要なものに役立ててくれればと。「こんな赤ちゃん用品を買ったよ」と写真付きでメールが届きました。ちゃんとその子が必要としているものに使ってもらえて嬉しかったです。

　嬉しいのは、お祝いをしてくれているというその気持ち。物じゃなくたって、おめでとうのＬＩＮＥやメールで十分に嬉しいものです。大好きな絵本『おくりものはナンニモナイ』にあるように、「ナンニモナイ」で素直な気持ちを伝えられたら、それほど素敵なことはありません。

　今までの私は、ものを選ぶことに凝りすぎて、お祝いや感謝の本質を忘れてしまっていたこともありました。選んだものが、反応が薄かったりして、なんで喜んでくれないの？　と思ったことも。

　私が一番もらって嬉しかったのも、ものではなく言葉でした。母が亡くなる前、東京から京都へ引っ越すと決めた時のこと。仕事先の方に申し訳なく思いながら事情を話すと、「あなたの判断はすばらしい」「あとはまかせて」「仕事はいつでもどこでもできる！」と言ってくれたのです。その言葉のすべてが、私の心を温め、勇気づけてくれました。そういう言葉を、私もまた贈ることのできる人でありたいです。

3

五感で
楽しむ暮らし

できる範囲で「小さく」楽しむ

お雛様やクリスマス、季節のイベントにワクワクする気持ちは大事にしたい。けれど、例えば夫婦2人の小さな暮らしの中に大きな雛飾りやツリーを持てば、持て余してしまいます。だから、飾りは小さなものを1つだけ。

こうすると、季節感を楽しむこともしながら、片付けもラクでスペースの負担もありません。ほこりもサッと拭うだけ。

同じく、生活に植物を取り入れたい、趣味を持ちたい等々、暮らしを楽しもうとするとものは増えがち。楽しみが重荷にならないよう、かといって楽しみを排除した味気ない生活にならないよう、できる範囲で嗜みたいと思うのです。

光を楽しむ

サンキャッチャーを窓辺に下げてから、朝がより楽しみになりました。天気のいい日には、部屋の中にたくさんの虹を作ってくれます。ゆらゆらと揺れる光を見ていると、本当に心地いい。

この光は、毎日必ず出るわけではありません。直射のあたる日の、たった30分。この貴重で豊かな時間が、太陽のありがたさを改めて気づかせてくれました。

この光のインテリア、ものを減らし、自分の中に余白が生まれたからこそ楽しめるようになったのだと思います。それまで当然のように受けて気づかなかった自然の恩恵と日々の変化を、感謝をもって味わえるようになったのでした。

風を楽しむ

私の住む京都は、盆地のせいか夏は厳しい暑さに見舞われます。風もなく、熱い空気が溜まっている感じ。だからこそ、生活に風を取り入れたい。肌に感じる風に加えて、その貴重な風が音で聞こえたり、目で見えたりすると暑さの感じ方もだいぶ和らぎます。

玄関の小窓には、真鍮(しんちゅう)の風鈴を下げています。チリンと透き通った音が聞こえると、夏の涼を感じられる。そして、モビールを寝室とリビングに吊るし、目でも風を感じています。ベッドの中から風に揺られて踊る猫たちを眺めていると、いつの間にか気持ちよく寝てしまいます。ブログを書きながらリビングのゆらゆらを見ていたら、ハッと文章が閃いたり。そんな風の恩恵もあるのでした。

友人のくれた猫のモビール。何とも言えないシルエットで、揺れるのを眺めているだけで癒されます。

季節を楽しむ

義父が育てて毎年送ってくれる柚子も季節を感じられるもの。お風呂に入れたり、リビングで香りを楽しんだりします。

ヨガを始めてから、立春の頃になると体に春を感じるようになりました。体のいろんな箇所が開きやすくなり、柔らかくなってきます。まさに「春が来た！」という感じ。この頃に、小さな陶器の雛人形を飾ります。

クリスマスの頃は、雑貨屋さんで買った300円の小さなツリー。お正月には、小さな鏡餅。いわゆる置きものだけでなく、秋には柿を、冬には柚子をと、その季節ごとの小さなものを玄関に置いて、日本の四季を味わっています。

思い返せば、季節の飾りつけは母の好きなことの1つでした。ちょっとしたことでも、その心を継ぎたいな、と思うのです。

育てて楽しむ

鉢から摘んで、母の仏前に一輪。丸みと色に一目ぼれした、Sghrのミニフラワーベースに。

グラスにバジルを挿してキッチンに。料理のスパイスにちぎって使用。炊事中、緑が目に入るのも嬉しい。

玄関先で花と植物を育てています。ガーデニングとまでは言えない、管理できる分だけの小さな草花の楽しみ。ズボラな私でも育つよう、丈夫なものを選びます。

4つある鉢の1つは、シーズンごとの花を楽しむ鉢です。春はチューリップ、夏はミリオンベルなど。残りの鉢は実用的なハーブ類。丈夫で育てやすく、料理やポプリづくりに重宝します。

普段、家の中は極力色を抑えて落ち着いた空間を作るようにしている分、色は花で楽しむようにしています。家の中が片付いて初めて、花を飾るよさを実感しました。周りに気を散らすものがなければ、その存在が美しく際立つのです。

香りを楽しむ

初めてアロマテラピーを受けた時、
香りがこんなにも気持ちを落ち着かせて
くれるんだと知りました。
以降、リラックスできるラベンダーや、
幸福を感じるローズ、爽やかなミントなど、
香りの種類も定番化して
増えすぎない程度に楽しんでいます。

セスキ炭酸ソーダ(P59)にアロマオイルを数滴落としてかき混ぜると、消臭効果が。珪藻土でできた匙にもオイルを垂らしてアロマストーンに。トイレや玄関で活躍しています。

ラベンダーもユーカリも、よく育ち枝葉が増えるのでたまに剪定。切ったものをぶら下げておくと簡単にポプリができます。セスキ炭酸ソーダ(P59)とともにだし用パックなどに入れれば入浴剤にも。

京都の老舗・松栄堂が手がけた「lisn」というお店のもの。一般的なお香のイメージとかけ離れた香り。一度知ってからは、ずっとこれです。ジメジメする梅雨時も、香りの力で爽やかに。

月の暦で暮らす

財布は夫が昔買ってくれたもの。もうすぐ10年のお付き合い。財布はこまめに買い替えた方が金運が上がると言いますが、月に1度のこの習慣のおかげで長持ちしています。

人間の体は少なからず月の影響を受けています。アシュタンガヨガでは、満月や新月の日は自然の波にのっとってレッスンはお休み。

そんな新月の日に、願い事を書くと叶うという言い伝えを聞きました。紙に書くことで自分の思いが目に見える形になり、実現のために動くようになる。実際、過去に書いたものを見ると、実現しているものも多く、驚きます。最近では、自分の気持ちの棚卸しのような感じで書いています。

一方満月には、財布の中身を全部出して磨きます。これを始めてから、入っている現金がきちんと把握できて、無駄遣いが減りました。レシートやポイントカードも、減らしてスッキリ収納。不思議と「お金がない」という状況がなくなりました。ずっと旅を続けているようなお金。お金にとっても心地良い財布であるように。

特別な時間を作る

お香立てや一輪挿しなど、家にあるもので充分に母を思う場所を設えることができました。お鈴だけは購入。偶然にも風鈴と同じ高岡銅器のものでした。澄んだ音色に癒されます。

リビングの棚の1コーナーに、母を思うためのスペースを作りました。手を合わせてお鈴を鳴らすと、母への哀悼の気持ちを超えて、自らが癒されていると感じます。朝起きた時、外から帰ってきた時、そして眠る前。心を落ち着けたい時に、自然とこの前に立つように。

そしてもう1つ、心を落ち着かせてくれるのか瞑想の時間。イライラしたり、心がざわついたなと感じたら静かに座って呼吸を整える。時間は1分でも10分でも、短くてもいいから習慣にしてみる。最初はうまくいきませんでしたが、今ではこの何もしない時間を豊かに感じます。何もなくても満たされる、シンプルで贅沢な時間です。

手作りを楽しむ

自分好みのアクセサリーを作る楽しみ。気に入ったボタンに、ゴムを通しただけの簡単なもの。

手持ちのカバーに合わない本には、クッキングシートでカバーを作ります。家にあるもので工夫。

ものを作るのが好きです。一時はアクセサリー作りや編みものにはまり、大量に作品を生み出しました。でも自分では使いきれないし、売るのも人にあげるのも簡単なことではありません。

私の場合「作る」行為のよさは、淡々と続けていると無の境地に近づいていくこと。つまり、瞑想している時ととても似ているのです。

瞑想状態を求めるのなら、瞑想やヨガでいい。だから作るのは実用性のあるものと決めました。今では、量産するのはアクリルたわしだけ。最初にコースターに使い、くたびれたら食器洗いや掃除に。アクリルたわしは趣味と瞑想と実用を兼ねる、素晴らしい存在です。

お金を使わないで楽しむ

休日、夫婦で散歩やサイクリングに出かけます。休日のランチは夫が作ってくれることも多いです。そんなことがとても嬉しく、美味しい。先日は、本で見た「歩く瞑想」をやってみました。どこかに行くためではなく、歩くために歩く。余計なことは考えず、歩みと呼吸を合わせていくと、ヨガと同じような心地よさを味わえました。また予定のない雨の日も、私にとって小さな幸福です。雨の日に淹れるコーヒーはいつもより香りが充満して、美味しく感じる。

昔は買いものが大好きでしたが、最近では何もお金を使わない、特別なことは何もないような休日にこの上ない幸せを感じます。

暮らしのアイデアを楽しむ

「こういうものが必要」と感じても、手持ちのものでまかなえたら一番。たとえばギャルソンエプロンとしても使える、手ぬぐいのお気に入りの使い方5つを紹介。

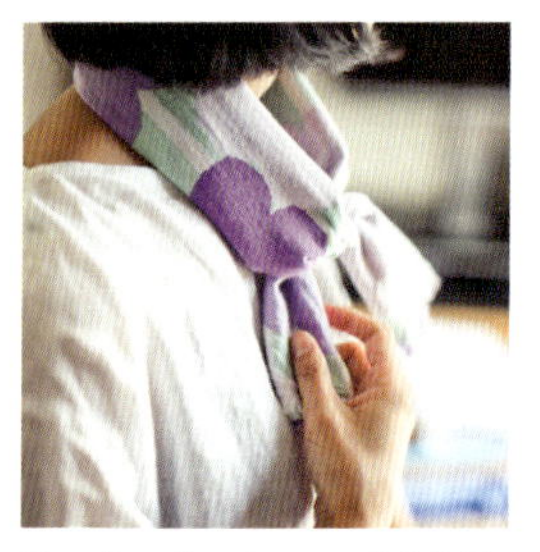

暑い時は、「アイスノン首もと用」を手ぬぐいでくるんで首に巻きます。これだけで全身がかなり涼しくなり、冷房より快適です。

素敵な柄の手ぬぐいは、小窓の目隠しとしてしばらくの間楽しみます。使い道が1つしかないカフェカーテンを買うより、コスパよし。

お手軽に済ませようなんて時の食事でも、手ぬぐいを敷けばあら不思議。オシャレなカフェにいる気分です。ランチョンマットとしても。

熱いポットを置く時も、手ぬぐいを敷けば大丈夫。鍋敷き代わりにもなるのです。お湯をこぼしてもサッと拭けますね。

手ぬぐいが大好きな理由

私を満たす実用性とデザイン性

ものを減らした私が唯一集めているもの。それが手ぬぐいです。出会ったのはヨガ教室でした。汗をかくのでタオルは必須アイテムなのですが、レッスンで隣にいた子の使っていたのが手ぬぐい。柄も可愛く、汗をぬぐう姿もなぜか爽やかに見えました。

さっそく自分もと、手に入れてみると、その素晴らしさを実感。スッと水分を取ってくれる感じ、肌触りのよさ。広げるとフェイスタオルと同じ大きさなのに、畳むとハンカチサイズ。多種多様なデザインで、選ぶのも使うのも楽しすぎる！　私は暮らしのあちこちに手ぬぐいを導入し始めました。

挙げれば尽きぬ素晴らしさ

・コンパクトで、2枚もあれば旅でかさばるタオルいらず。
・吸水性がよく、肌なじみがよい
・手洗いも簡単で、すぐ乾く
・縫い目がないので汚れが溜まらず、清潔
・へたれず、長持ち。使うほど肌なじみがよくなり、味わいが出る
・使い方が無限大

手ぬぐいを使い始めてから、家のタオル類が一気に減りました。

時には、デジタル・デトックス

ブログを書くようになって、いいことがたくさんありました。書くこと自体が楽しいし、頭と心の整理もできる。

その一方で、デメリットも出てきました。目や体が疲れること。パソコンに時間を取られすぎて、家族の時間をないがしろにしてしまっていたこと。何の気なしに不必要な情報を目にして、嫌な気持ちになることもデメリット。

テレビもそうですが、ネットも〝なんとなく〟でずっと見ているとこれらのデメリットが顕著に表れてしまいます。リンクをたどって深みにはまりやすい分、テレビより注意が必要ですね。

そんなわけでネットの使い方を見直し、夕飯後はインターネットの時間を決めて、眠る2時間前にはなるべく終えるように。ネット時間を減らした代わりに取り入れたのは、夫婦での夜の散歩やストレッチ。歩きながら近所のノラ猫を探したり、2人でストレッチをしたり。夫婦の会話時間でもあります。

また、連休で夫方の実家に帰る時は、数日間パソコンを開かず、スマホも夜にちょっとチェックするくらい。年に3回の帰省も、ちょうどいいデトックスになっています。

このところ、ネットの中でざわついている話題が、心の中のざわつきにつながってしまうこともありました。けれどそれらから離れてみて気づいたのは、ざわついている世界は、本当に小さな一部だけ。平和に心地よく暮らすためにも、頭を静かにさせる時間が必要だと感じたのでした。

パソコンやスマホから離れてみると改めて、日常の中でどれだけネットに時間と心を取られているか気づきます。

4

掃除と洗濯の
シンプルな工夫

掃除をするヨガ「シャウチャ」

私はもともと、片付けも掃除も得意ではありませんでした。でも、ヨガを始めてから部屋が片付き、掃除も好きになったのです。

ヨガには、「シャウチャ＝清潔に保つ」という教えがあります。これは、心身だけでなく外側も清潔に保つこと。実はポーズをするより前に実行すべき大切な教え。マットを清潔にし、部屋を片づける。掃除自体が、暮らしの中のヨガ。

また、ヨガのおかげで体が柔軟になり、必要な筋肉がつき、雑巾がけや窓ふきなどがラクになりました。体を動かすのが楽しく、それが掃除の喜びにもつながった。「シャウチャ」を知り、掃除とヨガの相乗効果を感じました。

掃除を簡単にこなすためのルール

積み重なった汚れはこびりつき、
落としにくくなります。
ものが多ければ、作業が複雑化して
掃除が大変になります。
大切なのは、早めの対処と、
掃除のしやすい環境です。

1

汚れは溜めないうちに

夜お風呂に入ったついでに、排水口や溝をブラシで磨くことにしています。汚れの少ないうちなら、洗剤を使わなくても水だけで簡単に落ちる。年末の大掃除まで汚れを溜めて、カビだらけの浴室をきれいな状態にするのはあまりに大変な作業です。できるだけラクにきれいを保てるよう、気楽にできることを、ちょこちょこと。トイレやキッチンの排水口も同じ。毎日使った時にササッと汚れを取れば、ひどくならずに済みます。

2

ついで掃除を心がける

祖母の代から受け継がれている階段の掃除法があります。それは、2階のベランダに洗濯物を干すときに、物干竿を拭くための雑巾を一緒に持って上がり、帰りにその雑巾で階段を拭きながら下りてくるというもの。埃が溜まりがちな階段が、この掃除のおかげで毎日光ります。「ついで掃除」は常に心がけていること。捨てるものでも使えそうなものがあれば、汚れを拭いてから捨てる。こまめなついで掃除は、後々のラクに直結します。

3

一日のウォーミングアップ習慣

朝の仕事の1つに家全体の雑巾がけがあります。雑巾がけの姿勢は、骨盤や股関節を元気にして腰痛を予防し、肩甲骨を動かして肩こりを解消してくれます。腹筋背筋を鍛えることもでき、まさに全身運動です。体が温まり、掃除をしながら運動もできる、一石三鳥！　まず2階全体を拭き、階段を下りながら拭いて、1階リビング、脱衣所、トイレの順にザーッと拭きます。運動と掃除が一緒にできると思えば、やる気も出ます。

雑巾がけを面倒にしないために

毎日拭いていれば、
汚れが溜まりにくく、気軽に拭ける。
気軽なら、毎日できる。という好循環。
ものの少ない、小さな家のメリット。

完璧じゃなくてもいい

利き手にだけゴム手袋をして、ざっと家全体を拭きます。床面の8割拭けていればよし。汚れが見えたら重点的に拭き、あとは適度に。

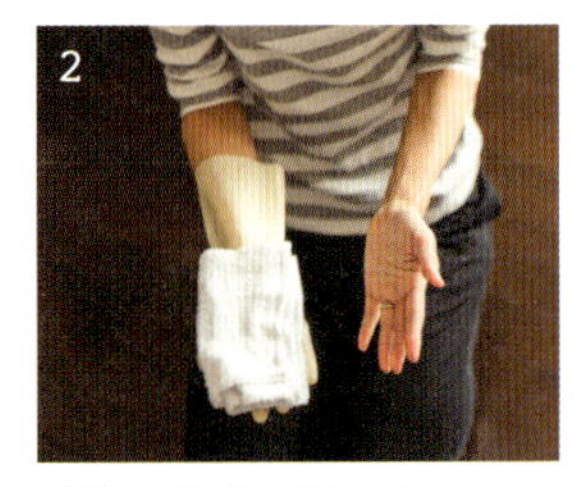

手袋で雑巾の汚れをスルー

手袋なら雑巾の汚れた面にも抵抗なく触れられるので、無駄なく雑巾のきれいな面を使えます。途中でゆすぎに行くのは、面倒。

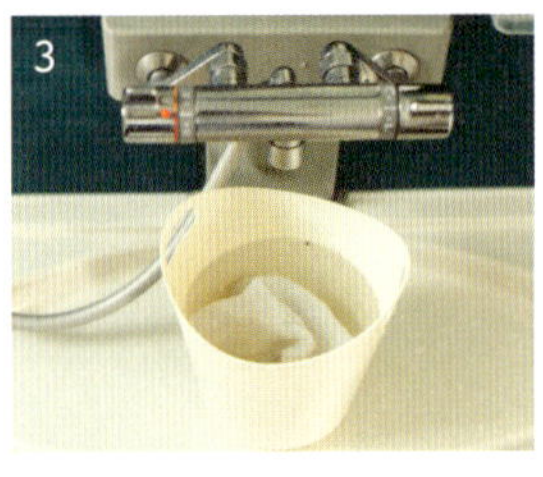

使った雑巾はつけ置き

雑巾をゆすぐ、という作業が冬場は手も冷たくて嫌なので、拭き終わったらせっけん水を張ったバケツに入れて浴室に置いておきます。

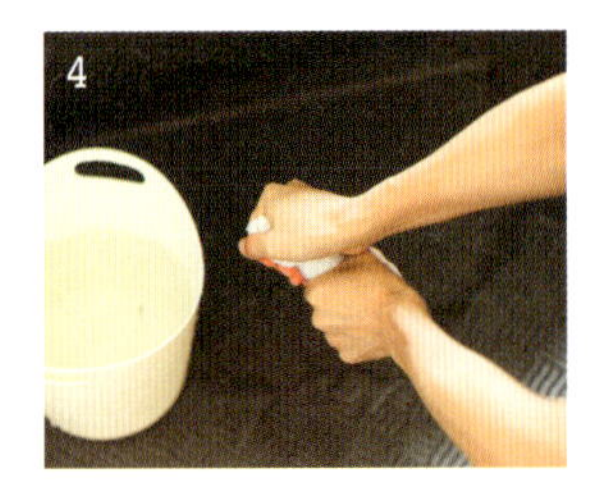

入浴しながら洗う

つけ置きした雑巾は、入浴中に洗います。絞った直後に体をきれいにできるので、私的にセーフ。苦手なことは、工夫で負担を軽減。

「ほうき」と「はりみ」を使うわけ

コーヒーかすは、ほどほどに乾かして床に撒きます。床の色が薄いおうちは、よく乾かしてから。完全に乾かし冷蔵庫や生ごみに入れると、消臭も。

掃除機の大きな音が苦手なので、棕櫚（しゅろ）のほうきで掃除しています。ほうきで掃くときの「サッ サッ」という音は、心をスッと落ち着かせてくれます。静かなので時間帯を気にせず掃除ができるし、長く使っているとフローリングの艶を出してくれるなどいいことずくめ。電気も使いません。

そしてその相棒が、はりみ。プラスチックのちりとりのように静電気が起きないので、ゴミがくっつくこともなくストレスフリー。

最近は、コーヒーかすを茶殻の代わりに利用して、ほこりを立てないように掃いています。かすかによい香りがして、掃き掃除がより楽しくなりました。

使いきる掃除術

靴下は３足を買ってきて履きつぶし、新しく３足を買うというサイクル。無印良品が定番でだいたいワンシーズンで買い換えます。古い靴下は、真ん中をはさみで切ってワイパーに装着し、掃除に使用。ほこりがよく取れます。

「まだ使える」と思うと
捨てるのがもったいない。
だから私は「もうこれ以上は使えない」
というところまで使えると気分スッキリ。
捨てる前の工夫はついで掃除にも
つながります。

全然汚れなかった使用済みラップは、その日の夜まで取っておいてキッチン掃除に使います。お皿の油汚れを拭き取ったり、蛇口やシンク、排水口などを磨きます。隅の方まで磨きやすく、とくに蛇口の水垢はピカピカに！

古着や手ぬぐいは最後に「切ってウェス」に。雑巾と違って使用後に捨てられるウェスは、掃除のハードルを下げてくれます。ただし、古布もありすぎると場所をとるので「使いきれる分だけ」がルール。持ちすぎないように。

ゴミ箱にセットするレジ袋もエコバッグが主流の昨今、足りなくなってしまいますね。そこで、新聞紙でゴミ袋を折っています。消臭効果もあるし、一石二鳥です。冷蔵庫での野菜の保存にも。

使っているのはミヨシ石鹸。あれこれ専用の洗剤を揃えずに済むと、買い足しの手間が減り収納場所もスッキリ。「せっけん」だから、洗顔やシャンプーにも使う人もいます。

洗濯せっけんを多用途に

以前は、洗濯／食器洗い／手洗いに
それぞれ専用の洗剤を買っていました。
“それが当たり前”という先入観を取り払い、
素材がシンプルなものを選べば、
すべて同じせっけんを使い回すことも
できるのです。

1

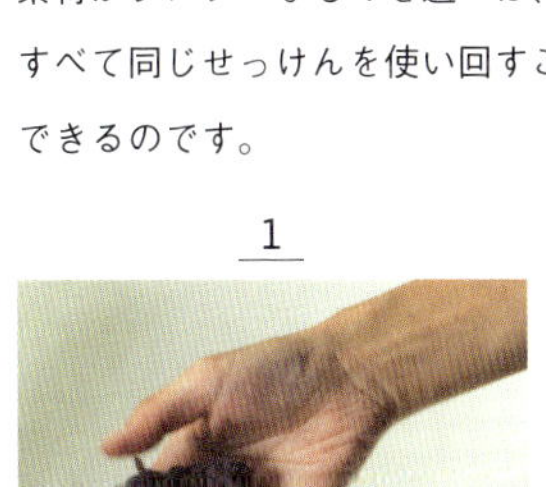

食器用洗剤として

泡になって出るボトルに入れています。使いやすく、油汚れもスッキリと落ちる。何より手荒れしません。

2

ハンドソープとして

これも泡になるボトルに入れて。同メーカーのハンドソープと比べても違いは特に感じません。

3

掃除用スプレーとして

水と一緒に入れて混ぜ、窓、換気扇、トイレやお風呂に吹き付けて掃除。洗剤が欲しい時はどこでもこれ1本。

酸素系漂白剤を使いこなす

専用の洗剤やカビ取りクリーナーより、
汎用性が高くスッキリきれいに
できる印象です。
塩素系漂白剤と違って臭いもなく、
刺激が少ないのが嬉しい。

1

普段の洗濯に1杯

洗浄効果が上がるだけでなく、洗濯槽のカビ予防にもなります。洗濯機の裏側においても、汚れは溜めずにちょこちょこ落とす、が基本。

2

つけ置きで小物の漂白

排水口のフタやゴミ受けなどの小物を外し、熱いお湯をかけてから粉末の漂白剤をまぶします。シュワ〜と泡立つので、しばらく放置。汚れが浮いたら歯ブラシで磨くだけ。

3

洗濯槽の掃除に

漂白剤をお湯に溶かして、一度攪拌したらしばらくつけ置き。浮いてきたワカメのような黒カビをすくい取って、すすぎます。黒カビがなくなるまで繰り返します。

4

お風呂場のカビ取りに

排水口にお湯を流し、漂白剤を振りかけて、汚れが浮いたら歯ブラシで。タイルの黒カビは、濃い目に溶いて歯ブラシで塗りつけ、一晩放置して翌朝軽くこすり、水でよく流します。

セスキ炭酸ソーダを使いこなす

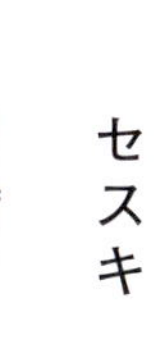
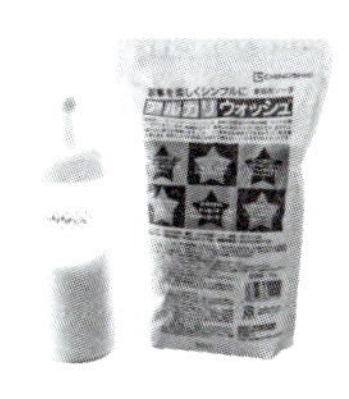

重曹より水に溶けやすく、汚れ落ちもよいと実感。少量ずつ出せるドレッシングボトルに入れて常備したり、水に溶かしてスプレーボトルに入れたりします。

1

レンジフードの掃除に

換気扇周りの油汚れに、スプレーを振りかけて布で拭き取ります。シロッコファンの汚れがひどい時は洗濯せっけんを泡立てたものとセスキ炭酸ソーダを混ぜたものにつけ置き。

2

トイレ掃除に

容器に粉末を入れ、消臭剤に。臭いが気になる時はエッセンシャルオイルを数滴落としてかき混ぜます。便器内に振りかけてブラシで磨くとピカピカ。専用の洗剤いらずです。

3

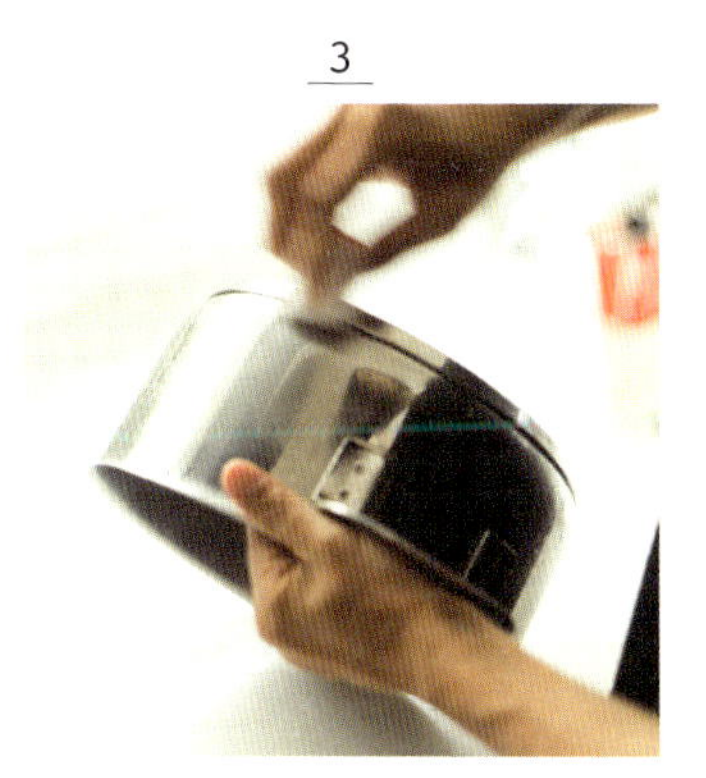

鍋の焦げ落としに

スプレーして振りかけ、放置。汚れが浮いたらアクリルたわしでこすると驚くほどピカピカに！　中は粉を入れて沸かし、放置してからこすります。アルミ鍋にはNG。

4

布ナプキンの洗濯に

使用後の布ナプキン（P96）に粉末を振りかけてぬるま湯につけておくだけ。これでほとんどの血液は取れます。さらにせっけんで軽く手洗いしてから洗濯機へ。

お風呂掃除のコツ

浴室の管理で重要なのが、カビを発生させないこと。そのために、入浴ついでに排水口を掃除、ものを減らし、換気を充分に行うこと。

　毎日の排水口掃除をしていると、ある時夫が「排水口のフタ、毎回掃除するの面倒じゃない？　外しておいたら？」と目から鱗の発言を！　確かに、毎日髪の毛を取るからフタがなくても大丈夫だし、フタを洗う手間がなくなるしで、とてもラクになりました。そして毎日歯ブラシで軽く磨いておけば、排水口に汚れは溜まりません。

　お風呂のフタも同様に、よく考えると、夫婦2人が同じ時間帯に入浴する我が家では必要ないのでした。今は使わず、しまってあります（賃貸なので）。清潔で気持ちのいいお風呂に入ることは、私の毎日の小さな幸せ。環境や自分の性格に合う、お風呂をきれいに保つ方法が見つかると楽になります。

排水口は、髪の毛が渦の力でクルクルっとまとまってくれて掃除がしやすい「カミトリ名人」。

自作のアクリルたわしで浴槽をこすります。カビ防止のため、壁や床の水気を切るスクイージーも常備。

常識にとらわれない洗濯術

世間から当たり前のように提示されている設定や常識を見直せば、「自分が本当に快適な方法」や、「実は自分で、持っているものでできること」がたくさんあります。

1

脱水は3分で

洗濯機におまかせのコースだと、終わるまで1時間もかかります。試行錯誤し、洗濯６分、すすぎ１回、脱水３分に落ち着きました。脱水、３分で充分に絞られているし、絡まず快適。

2

ニットはシャンプーとリンスで

ニット（羊）も頭髪も、哺乳類の毛という点で同じという発想に「なるほど！」と。シャンプーを溶かしたぬるま湯で押し洗いし、リンスは柔軟剤代わり。問題なく、ふんわり仕上がりました。

3

ダウンも家で洗う

基本は手洗いで優しくですが、私は洗濯機の「手洗いモード」で液体せっけんを使用。終わったらタオルドライして、乾燥機＆日陰干し。まめに形を整えるのがコツ。クリーニング代の節約。

洗濯物の
シワを防ぐコツ

洗面所で洗濯物を畳んでは
パンパン！と叩いている
母の姿を、よく思い出します。
当時は面倒くさいことするなー
と思っていたのですが、
結局は一番洗濯物を
ラクにしてくれる方法でした。

脱水は短めに設定

前述のように、洗濯機の言うなりの脱水ではギュウギュウに絡まり、シワだらけ。うちの洗濯機では脱水は３分で充分でした。

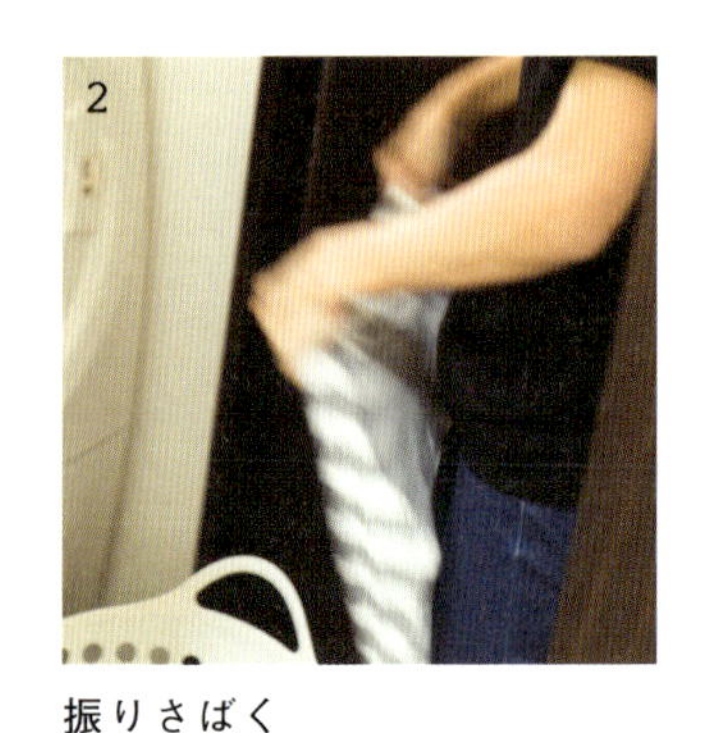

振りさばく

洗濯機から１枚ずつ取り出して、縦と横に振りさばき、繊維をほどきます。この作業で、服やタオルがふんわり仕上がります。

一度たたむ

シャツなどは簡単に、軽くたたみます。片手にのせられるくらいの大きさに。

パンパンと叩く

片手にのせて、もう一方の手でパンパン叩きます。これを丁寧にやるほど、シワが少なくなります。

形を整えて干す

シワがない洗濯物は、たたむ作業もラクで、気持ちよいもの。ちょっとした手間ですが、洗濯への苦手意識を減らしてくれました。

5

引き算の ファッション

どんな高価なものより人を魅力的に見せるもの

以前、〝高級ブランド〟と呼ばれるお店で販売員として働いていました。お客さまを見ていて気づいたのは、どんなに高級な服を着ている人でも、姿勢が悪いと残念な印象になってしまうということ。

これには体型はさほど関係がなくて、肉付きのよい人でも姿勢がよく生き生きとしている人は素敵に着こなしていました。逆に言えば、凛とした姿勢の人は何を着ても、数百円のTシャツでも素敵に見えるんですよね。ヨガを始めていた私は、服のセールストークよりも姿勢や歩き方のアドバイスをしたくて仕方ありませんでした。

そして最近気をつけているのが、顔の表情です。パソコンに向かっ

ている時、夫から「顔が怖い」と言われることが。ハッとして顔をストレッチ！　怖い顔は眉間にしわを作り、口角を下げてほうれい線を刻む、美容の大敵なのです。

美容面だけでなく、表情で周りの空気を重くしてしまうことだってあります。ゲーテの言葉に、「人間の最大の罪は不機嫌である」というものが。というわけで、意識して少し口角を上げるようにしています。美容によく、周囲にいい気を発し、しかも「笑っている＝幸せ」なんて脳が勘違いしてくれるメリットもあるんだとか。

自然な笑顔と凛とした姿勢。それこそが何よりも、人を美しく見せてくれる姿なのです。

引き算する おしゃれとは？

友人の結婚式に出席した時のこと。結婚式というと、美容院で髪をアップにしたり、ジュエリーをつけたりとドレスアップしますよね。私も着飾りましたし、友人たちも輝いていました。こんなおしゃれも、たまにはいいものです。

そんな中、とても気になった人がいました。アクセサリー類を一切つけず、髪の毛も下ろしたままで少しカールしている程度。シンプルなネイビーのワンピースに、小さなクラッチバッグを1つ持っただけのスタイルでした。

周りが飾り立てている中、彼女の装いはシンプルなのにとても美しく、華があった。ついつい見入ってしまい、その理由がわかりました。下ろした髪の毛にはツヤがあり美しく、手足にはほどよく筋肉がついていて健康的。何より、姿勢や座り方もきれいで、しぐさも丁寧だったのです。

自分の体に意識が行き渡っているからこそ、引き算のおしゃれができる。ミニマルな美しさを放つ彼女から、たくさんのことを学べた結婚式でした。

「シンプルで着心地がよくて、無駄がない」私も影響された、シャネルの精神。これは私の持つ唯一のシャネルで長く大切に使いたい。ショルダー、クラッチ、ハンドバッグの３用途で使えます。

私が定番のボートネックを選ぶ理由

以前は、タートル、ラウンド、Vネックなど様々な首周りのトップスを持っていました。ところが、今はほぼボートネックばかり。その理由を分析してみます。

まず、インナーが首元から見えない形状であること。タートルもはみ出さないけど、首周りがチクチクしないものを探すのが大変。次に、Vネックのように大きく開いたものは、私の体型では貧相に見えてしまいます。自分の体型をカバーしつつ、鎖骨や首のラインをきれいに、顔をスッキリ見せてくれるのがボートネックでした。

自分に合うデザインの服が判明すると、買い物の時に迷いが減り、気持ちが軽くなりました。

1

好きな理由、嫌いな理由を書く

気に入っている服の好きな点を挙げておくと、次の買い物の時に目安になります。逆に、買ったのに着なかった服はその理由を探れば、自分の好みを知るきっかけに。私はこれで同じ失敗を防ぐことができるように。例えば、「着心地が悪かった」のなら次からは試着の時にしっかり動いてみたり。「なんとなく可愛い」で服を選ぶのをやめてみるのも無駄な買い物を減らす1つの方法。

「私の定番」を決めるために

今まで重ねた失敗から、自分の望む形状の服がわかってきました。例えばTシャツなら、ボートネックで風通しの良いデザイン、など。基準を決めておくと、探しやすくなります。

2

「心地良い」を基準に選ぶ

ヨガを始めてから、着るものに関して「締め付けない」「軽い」「着ていて心地いい」を優先して選ぶようになりました。タイトスカートといっても柔らかい素材であったり、腰回りを締め付けないデザインであったり。「把握しきれないものは持たない」がルールなので、持っているものは徹底的に愛用したい。そのためにも、いつでも何度でも着たくなる心地よさが必須なのです。

3

骨格診断。自分の特徴を知る

自分の体の特徴から似合うファッションを知るための「骨格診断」。診断を受けることで、自分がより素敵に見える服がわかるので服選びの基準になります。ただ、これはあくまで1つの目安に。自分が本当に好きで着ていて心地のいいものなら、診断結果にそこまで捉われなくても良いと思います。服選びやファッションに迷いがあるなら受けてみるのもオススメです。

4

定番は移り変わっていく

今は服も自分の定番が見え「全く同じ商品」や「色違い」で揃えるように。自分にしっくりとくるこの基準、一生同じわけではありません。好みも、体型も、生活環境も移り変わっていきます。「定番が使いにくい」と感じた時は、その理由が何なのかを書き出して、また合うものを探せばいい。自分の「こだわり」にこだわりすぎないことも大事です。

リピートする定番品

まったく同じ商品をリピートすることがあります。ほかの人に新しい服だと気づかれなくても、大好きな服を清潔感をもって着続けたい。

アルコペディコのサンダル

ポルトガルの健康サンダル。長時間履いても疲れず、歩きやすい。履く時に、足首のストラップを外す必要がなく履きやすいのが決め手。

パタゴニアのフリースベスト

夏以外すべての季節に活躍するベスト。動きやすく、暖かく、着心地がいい。アウトドアにも、タウンユースにも、冬のヨガにも活躍します。

ドレステリアのパーカー

パーカーは部屋着というイメージを覆してくれた1枚。細身のシルエットで、どんなボトムと合わせても可愛く見せてくれます。

ナイキのスニーカー

横幅がスッキリとしていて、靴底の厚さもほどよく、履き心地のいいスニーカー。カジュアルアイテムだけに、常に清潔さを保っていたい。

春のレギパンコーディネート

はき心地抜群のレギンスパンツ。脚の形がしっかり出るので、トップスは少しゆとりのあるものでバランスを。ふんわりとしたシャツや、少しAラインのカットソーと合わせます。

ユニクロのレギパンを愛用。はきやすく、そのままヨガもできるほどストレッチが効きます。色違いで持ち、年中の定番アイテム。

夏の白ボトム&ラフィアハットコーディネート

白いボトムはそれだけで、夏の装いを爽やかにしてくれますね。ラフィアハットを被れば日除けだけでなく、一気に夏らしい印象に。

足首を見せるアンクル丈のボトムを、さらに折って涼し気に。ハットはコンパクトに折り畳めて便利。通気性がよく、蒸れません。

秋の グレーパーカー コーディネート

合わせるものを選ばないグレーのパーカー。細身のスッキリとしたものを選ぶとカジュアル過ぎず女性らしい印象に。上にベストを羽織ったり、前を開けたりすることで印象が変わります。

ドレステリアのパーカー。裏起毛なので、冷えてきた秋口にありがたい。リピート買いの定番品。

郵便はがき

お手数ですが
切手を
お貼りください

150-8482

東京都渋谷区恵比寿4-4-9
えびす大黒ビル
ワニブックス 書籍編集部

お買い求めいただいた本のタイトル

本書をお買い上げいただきまして、誠にありがとうございます。
本アンケートにお答えいただけたら幸いです。
ご返信いただいた方の中から、
抽選で毎月5名様に図書カード(1000円分)をプレゼントします。

ご住所 〒

TEL(- -)

(ふりがな)
お名前

ご職業

年齢 歳

性別 男・女

いただいたご感想を、新聞広告などに匿名で
使用してもよろしいですか? (はい・いいえ)

※ご記入いただいた「個人情報」は、許可なく他の目的で使用することはありません。
※いただいたご感想は、一部内容を改変させていただく可能性があります。

●この本をどこでお知りになりましたか?(複数回答可)

1.書店で実物を見て　2.知人にすすめられて
3.テレビで観た(番組名:　)
4.ラジオで聴いた(番組名:　)
5.新聞・雑誌の書評や記事(紙・誌名:　)
6.インターネットで(具体的に:　)
7.新聞広告(　新聞)　8.その他(　)

●購入された動機は何ですか?(複数回答可)

1.タイトルにひかれた　2.テーマに興味をもった
3.装丁・デザインにひかれた　4.広告や書評にひかれた
5.その他(　)

●この本で特に良かったページはありますか?

●最近気になる人や話題はありますか?

●この本についてのご意見・ご感想をお書きください。

以上となります。ご協力ありがとうございました。

冬の
アウター&ニット
コーディネート

「シレーヌマーメイド」のニット。理想の形で合わせやすく、着心地最高。あまりに気に入ったので、制服化しようと色違いで揃えました。

過去の失敗から学んだ基準で選んだロングコート。お尻まで温かく、軽く、スッキリしたラインであることが私には大切。中に着る鮮やかなニットが、さし色として効いてきます。

雨の日もこれさえあれば

雨の日は、パタゴニアのジャケットを羽織ってリュックを背負い、ボトムはスキニーパンツでファビオルスコーニの長靴を履く、と決めています。ヨガインストラクターは移動が多い仕事なのでとにかく完全防備。以前は雨の日でもおしゃれを気にしてパンプスを履いたりしていましたが、足が濡れて冷えるのがストレスに。快適が第一なのです。

夏と海を楽しむために

パタゴニアのスイムウェアは、サーフ用だけあって丈夫で着心地も良く、柄と色にも一目ぼれです。浜辺では、ビキニの上からサーフパンツをはきます。ハワイアナスのビーチサンダルは、女性らしいデザインで足も痛くならずお気に入り。夏の旅行には必ず持っていきます。普段ベーシックカラーが多いので、アウトドア用品は少し明るいものを。

靴の定番はフラットシューズ

ヨガを始めてから足の裏を意識するようになり、足にストレスのかからない歩きやすい靴を選ぶようになりました。それまではヒールのある靴が定番でしたが、フラットで歩きやすく、どんなスタイルにも合わせやすいバレエシューズを新しい定番に。フラットでも女性らしい印象です。そして、移動が多くたくさん歩く時にはスニーカーを。2足を履き回します。

ブーツ類もヒールのあるものは手放し、フラットタイプを愛用。ロングとショートを1つずつ。まだミニマルとは言えませんが、把握できる分量になったことは私にとって大きな成長です。

お気に入りのバッグと持ち歩くもの

軽くて丈夫でシンプルなので飽きずに長く使えるエルベシャプリエのかばん。高級感のあるコーテッドキャンバス地もナイロン素材のものも雨に強く安心。服がベーシックな分、かばんで柄ものを楽しむことも。

化粧ポーチ(がま口が便利)にはティッシュやイヤフォン、飴ちゃんも忍ばせて。水を持ち歩くようになってから、コンビニなどに寄らなくなり、節約&体質改善につながりました。ほかに財布、鍵、手ぬぐい、スマホ。

たくさんあったかばんを減らし、今はエルベシャプリエで定番化しています。私がかばんに求めるのは、「お弁当やヨガウェアも入る大きなマチ」「見た目がシンプルでコンパクト」「女性らしいデザイン」の3点。それらを満たしてくれるのが、エルベのかばんです。

また、以前はかばんに荷物を毎日入れっぱなしにしていましたが、今は帰ってきたら中身をすべて取り出します。かばんに入れるもの自体も少なくなりました。「もしかしたらこれが必要になるかも」と考えるのをやめたことと「なければないで、なんとかなる」の精神が、身軽なお出かけを作りだしてくれました。

マリッジリングといつも愛用しているピアス

humのリングは、「結婚できなかったら自分で買う」と思っていたほど憧れていたもの。マリッジリングとして私のもとにやってきた時は、本当に嬉しかった。

そしてピアスも、同じくhum。18金のフレームに小さなダイヤが一粒だけついた、シンプルなものです。主張しないデザインでも、顔周りに1つあるだけでちょっとだけ華やかにしてくれる。

本当に気に入ったものを、少しだけ持つ贅沢。この2つを持ってからほかのアクセサリーを欲しいと思わなくなりました。安心感と自信を与えてくれる、お守りのような存在です。アクセサリーも軽くて付け心地のいいものを。

少ない服でおしゃれを楽しむ

街へ出ると、素敵なおしゃれさんを見つけて思わず振り返ってしまう時があります。そんなおしゃれさんが、3人連続でワンピースの女性だったことがありました。

以前の私なら、「そうだ！私は今あんなワンピースが欲しいんだ！」と買い物に出かけていたと思います。実際この時も買うならシンプルなネイビーがいいな、そうしたらあの花柄のものは手放そう、なんて詳細に考えました。でもよくよく自分の気持ちを観察すると、そこまで「欲しい！」という欲があるわけでもありません。今の私はどうも、「素敵なワンピースの人を3人も見られた」でおしゃれ欲が満たされてしまったのでした。

なぜだろう……と考えてみると、服の数を減らして定番を見つけ、気に入っているものしか残っていない状態で、「私は充分」と思えているのかもしれません。人と比べて「私だって素敵な新しい服を」と張り合うようなことを、やめたからかもしれない。

とはいえ、おしゃれは好きだし、楽しんでいたい気持ちは変わらずあります。服を買わなくてもおしゃれであるために、私が心がけているのは3つのこと。

1. クローゼットを見直して
 持っている服を把握する
↓持ち服をきちんと使い、
コーデの幅を広げるため。

2. 服の手入れやアップデー
 トを怠らない
↓清潔感がなく、みすぼらしく見えてはダメ。洋服ブラシで繊維を整えたり、毛玉を取ったり。それでもダメなら同じ服を新調。

3. ヨガで自分自身のスタイ
 ルや心を整える
↓凛としていることが何より人を美しく見せます。

新しいものより、持っているものに心を配りたい。今の私のものとの付き合い方です。

6

「使わない」
美容法

使っている化粧品はこれだけ

アパレルで働いていた頃は、人前に立つ分しっかりとお化粧していました。ファッションの1つと考えていた部分もあります。ヨガインストラクターになってからは、お化粧は1つの身だしなみ程度に。化粧に対する姿勢が変わると、使用するアイテム数と、かかる時間がとても少なくなりました。

使っているのは基礎化粧品としてワセリン、化粧品7点（日焼け止め、パウダーファンデーション、アイブロウ、アイシャドウ、チーク、グロス、マスカラ）の計8点。メイク時間は10分程度です。

自分に必要のない余分なものを取り除き、基礎化粧品を使わなくなった分、費用も安くなりました。

一度、ひと月あたりの化粧品代を割り出してみたら、その額1450円。安価に済んだ分、ヨガや温泉など自分が好きで、かつ美容によさそうなことを心がけるように。どうせコストをかけるなら、その方が満足度が高いのです。

最終的には、ファンデーションに頼らなくてもすむ肌を目指したい。睡眠や食事など生活面から、肌本来の基礎力を上げたいなと考えています。外からカバーするというより、内から美しさを発することができたら理想的。そしてものを使ってのケアよりも、姿勢だったり、身のこなしだったり、自分が今持っているものを活かしていきたいなと思うのでした。

ETVOS
ETVOS

肌断食とは？

化粧水や乳液を使うスキンケアを一切していません。そのきっかけは、ひどい肌荒れでした。気持ちも沈み、すがるような気持ちで試したのが宇津木龍一さんが提唱する「何もつけない」美容法。はじめは「何か肌に塗りたい！」という欲望との闘いでした。乾燥が気になる時はワセリンを少量塗って、１週間を経てみると…なんと、肌荒れが引いたのです。

そのまま、今も基礎化粧品の一切を使っていません。劇的に美肌になったわけではありませんが、入念なお手入れをしていた時と変わらず、むしろ調子がよい。だったらもういらないのでは？という感じです。

使うのをやめたもの一覧

つけるのが当たり前と思っているものが、実は必要ないかもしれません。自分にとっては、本当はどうなのか。改めて考えてみると、省けるものを見つけられるかも。

1
メイク落とし

化粧品を「お湯やせっけんで落ちるもの」を基準に選ぶので、メイク落としを別途用意する必要がなくなりました。

2
化粧水、乳液、美容液

自分の皮脂と、足りない時はワセリンで充分。つけなくなったら肌荒れが引いたことを考えると、私には余計なことだったのかも。

3
ビューラー

知人に、「ビューラーはまつ毛を傷めるし、マスカラだけでまつ毛は上がる」と聞いて納得。かさばる形状だし、手放してスッキリです。

4
化粧下地

“しっかりメイクした感”が必要ない職種なのでやめました。ミネラルファンデーションの薄づき感が好きで、必要を感じません。

5
コンシーラー

クマやくすみを気にしていましたが、隠すよりも生活面を整えて改善しようと思いました。そしてやめても、誰も気づかなかった……。

6
口紅

唇が荒れやすかったので、合うものを見つけるのが大変でした。グロスで充分とわかり、高い口紅を買わずに済むのは大きな節約に。

7
ハンドネイル

夏中ネイルをしていると、秋口に二枚爪になったりと荒れてしまう。きれいな状態をキープするのも大変。今は自然な爪が好きです。

8
疲れ目に目薬

昔から持ち歩いていた疲れ目対策の目薬をやめました。その代わりに、あくびをして涙で目を潤したり、目のストレッチをしたり。

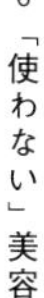

ワセリンを多用途に使う

1つあれば保湿に万能なワセリン。旅行や温泉にもワセリンひとつで気軽に出かけられます。最近は、ゴミが入らず清潔で、小出しにできるチューブを使っています。

1

化粧水・乳液として

一切の基礎化粧品を使わない「肌断食」のお供に。乾燥が気になる箇所に、ワセリンをごく少量だけトントンと塗ります。

2

リップクリームとして

唇を乾燥から守ってくれるうえ、ほんのりツヤも出るのでグロスのように使うこともできます。

3

ハンドクリームとして

この用途で使っている方が多いのではないでしょうか。べたつきすぎないよう、少量をしっかりのばして擦りこむのがコツ。

4

かかとケアに

かかとのガサガサ、ひび割れにも効きます。高い保湿効果で、よく塗りこんでから寝ると翌朝には潤いが。

5

靴ズレを予防

かかとなど、靴が擦れる部分に塗っておくと潤滑油的な効果で靴ズレを予防。新しい靴を履く時は必ず塗っておきます。

6

ヘアワックスとして

普段は使いませんが、髪を結んだ時などごく少量をワックスのように使います。編み込み前になじませると編みやすい。

7

花粉症対策に

鼻の穴の周りに塗っておくと、花粉がそこに貼り付くので内部への侵入を防ぎ、鼻をかむ時も皮膚を守ってくれます。

湯シャン＋ときどきシャンプー

私は普段、洗髪にシャンプーを使いません。お湯で汚れを流し落とす「湯シャン」です。

シャンプーで取りすぎていた皮脂を保ち、健康な頭皮と髪を取り戻すという趣旨。これも、肌と同じ頃に頭皮まで荒れてしまったことがきっかけ。

始めてみて感じたメリットは、温泉に行く時、持ちものが少なくてラクだったり、排水口のぬめりが出にくくなったりと様々ありますが、肝心な髪質はというとシャンプーしていた時と同じ。むしろ扱いやすい。髪を褒められることも増えました。

湯シャンへの切り替えは、徐々にシャンプーの回数を減らし、慣らしました。とはいえシャンプーのスッキリ感や香りは好きなので、週に1回程度は楽しんでいます。いずれは、全然なしでも大丈夫になるといいなと思っています。

そしてシャンプー、コンディショナー、その他諸々の美髪グッズを揃えるより、お勧めなのが「つげ櫛」を1つ持つこと。母から譲り受け、使ってみて驚きました。つげ櫛には椿油が染み込ませてあり、梳くとキューティクルがよみがえるように髪にツヤが出てくるのです。静電気も起こさず、頭皮によい刺激を与え血行をよくしてくれる。こういうものを使うと、昔の人の道具ってシンプルでいいなと、つくづく思います。

髪型も定番のワンレンボブ

以前の私は、〝バリエーションの呪い〟にかかっていました。「前回はあんな髪型だったから、今回はこう変えなきゃ」「次はカラーを変えなきゃ」等々。髪型も毎回変えることがおしゃれだと思っていました。

もう1つの呪いは、〝ないものねだり〟の執着心。あまりにもまっすぐなストレートヘアの私は、ふわっとさせたくてパーマばかりかけていました。かかりにくい髪質なので強くかけてもらう結果、思うような髪型にならないことも多い上、髪はどんどん傷む……。迷走の末、ついに自分の棚卸しをし、適したスタイルを発見・定番化することに成功したのです。

それが、ワンレンのショートボブ。この髪型は、多少伸びてもイメージが変わらず、4カ月おきのカットで維持できます。変化に対する評価やないものねだりをやめ、自分の特性を受け入れてから、髪での悩みがなくなりました。

ヨガをするので結べる長さはキープ。ポニーテールは後頭部の所をちょっと引っ張って盛り上がりを作ると、頭の形がよく見えます。

編み込みを覚えると、パーティや浴衣のアップスタイルにも使えて便利です。適当にざっくりと編んでも、きちんと感が出ます。

ネイルは1種類だけ

「爪もオシャレしなければ」という気持ちでハンドネイルをしていました。けれど、こまめな手入れをしてまできれいを保つのが大変、爪もボロボロ。手の爪を塗るのはやめました。

ただ、夏の素足にちょっと色をのせたいという気持ちはあります。足は目から遠いし、明るくて強い色を。ということで、赤のペディキュア1本だけを愛用しています。色をあれこれ揃えても、結局手にするのはいつも同じで使い切れない。定番を決めれば、迷いもなくなりラクになります。

香水も定番1つ

何本もある香水、どれも使いきっていない……ということが過去にはありました。ジョーマローンのレッドローズを定番化してからは、これだけをリピートして3本目に突入しています。

この香水は、人工的な感じがしない自然なバラの香りで、ほのかに感じる程度。バラの香りが好きな私にはたまりません。香りが長持ちせず、そのうち消えているのもしつこくなくて好み。

自分の定番の中に、〝好きな香り〟が入っているというのも嬉しいものです。

「自分自身」を大切にするということ

心がけていることに、「自分の持ちものを大切にする」ことがあります。愛用品はもちろんですが、それよりもっと大切なのが、自分の体。体を大切に扱い、薬や病院に頼ることのない暮らしが理想です。

私は昔、「なんか頭痛い」「しんどい」などの不調が多くありました。そのため鎮痛剤、整腸剤、鼻炎薬などを山と持ち歩いていたのです。薬を断ち切れたのは、ヨガを始めて「自然治癒力」「免疫力」を意識したおかげです。

今、私が調子悪いと感じる時にやることは5つ。「痛い」「しんどい」などの反応は、体からのメッセージです。

○まずは、深呼吸

痛みを感じたら、ゆっくり深呼吸。酸素が行き渡り、それだけで軽減することも。

○体を温める

腹痛や寒気には、腹巻をする、足湯をするなどで体を温める。冷えると免疫力が下がり、思考もマイナスに。

○体を緩める

ストレスや体の緊張をほぐすため、つらい箇所に手を当てたり、さすったり。

○感謝する

つらくても、「でも、呼吸はできてる。寝る場所もある」と何かしらを見つけて感謝。するとネガティブ思考から一歩抜け出せ、つらさから一歩引いた客観的な視点に。

○笑う

「幸せだから笑うのではなく、笑うから幸せなのだ」とは、アランの『幸福論』の中の言葉。笑うとリラックスし、幸せを呼び込む。免疫力を上げるという研究もありますね。

自分の持っている能力で、自分のために働く大事な体を労わる。「自分の体と心にまずは感謝」とは、ヨガの先生がよく言っていたことです。毎日、一度でもこの気持ちを思い出したい。それも、私がヨガをする理由の1つです。

7

食べ物と健康

本当に健康的な食事とは？

〝健康のために〟と溢れている、「あれを食べろ」「これは食べるな」の情報。でも今私が大切にしたいのは、何を食べるかより「どう食べるか」です。

ヨガを始めた当初は、周りに玄米菜食を実践している人が多く、影響を受けました。マクロビやオーガニックにもはまり、今考えると、「こうじゃなきゃ！」という風に、少し思考が硬く偏っていたかもしれません。

でも夫と結婚してから、そのままの自分の考えをいつまでも押し通していては、2人で食事を楽しめないと気づいたのです。だから今はお肉でもラーメンでも、一緒に何でも食べています。

気をつけているのは、「楽しく、よく噛んで、味わって」食べること。よく噛んで食べることは消化を助け、少量で満足もします。いくら玄米菜食であろうとも、「不快な気分で、ほぼ丸飲み」では健康的とは言えません。

「こだわりをなくす」「一方を悪者にしない」というのも1つのヨガの練習です。でもいつの間にか、食にこだわりすぎ、ジャンクフードは悪と決めつけ、それを好きだった過去の自分まで否定していました。

もちろん、「何を食べたいか」という体の声を聞いていくことも大事。それと同時に、何を食べるか、選べる環境にも感謝です。

定番の常備菜3つ

キャベツの千切り、煮玉子、茹でブロッコリーが、我が家の定番常備菜。キャベツはサラダ、味噌汁、付け合わせのほか、夫のダイエット食としても活躍します。煮玉子はこれだけで一品になり、麺類のトッピングにも。ブロッコリーはお弁当や付け合わせに便利で、栄養価も高く、たくさん食べたい。

どれも「惣菜」と言えるほどの凝ったものではないですが、あれこれと使い回しができるので重宝します。一度、張り切っておかずをたくさん作り置きしてみたら、やりくりが難しくて使い切れませんでした。今の自分にちょうどいい常備菜作りで、料理をラクに、食事を楽しくできたらと思います。

マイボトルで白湯生活

マイボトルに白湯（さゆ）（夏は水）を入れて持ち歩いています。この習慣がついてから、自販機やコンビニで飲み物を買うことがほとんどなくなりました。日々のちょっとした出費がなくなり、結構な節約効果を感じています。

同時に、体質改善にもつながりました。水を飲む生活に慣れてみると、味覚も敏感になりたまに買う市販の飲み物がとても甘く感じられるように。喉が渇いたら白湯や水で充分だとわかりました。

水を飲む時は、がぶ飲みするのではなく、ちびちびと潤すように摂ります。暑い時の水分補給はもちろん、冬の乾燥にも体の中から潤すことが大切です。

白砂糖を断ってみる

白砂糖は体を冷やすと知ってから、使うのは甜菜(てんさい)糖かみりんにしています。市販のお菓子を通じて白砂糖を摂りすぎてしまい、肌荒れが悪化したこともありました。

その際1週間、砂糖断ちをしたのですが、最初の3日間は禁断症状のように甘いものが欲しくなり、なんだか砂糖に恐ろしさを感じました。今でも、時折数日間の砂糖断ちをしています。すると感じるのは、食事だけで必要な糖分は摂れているなという感覚。要するに、ストレスを甘いもので紛らわせていたのです。

全部は無理でもほどほどに楽しみながら、できる範囲で砂糖を控えていきたいと思っています。

オールシーズン 体を温める工夫

いつ何時でも、冷えは健康の大敵です。以前の私は低体温で体が冷えていたことにすら気づいていませんでした。冷え取り靴下は重ね履きに耐えられず断念したので、そのほかの工夫を。

1

夏でも足湯

生理中や足が冷えた時は、夏でも足湯。骨盤や目、頭がじんわり緩み不調が改善。夏は冷たい食べ物や冷房で冬以上に体が冷えることもあるので、1日1度は体を温める工夫を。

2

冬は湯たんぽ生活

電気毛布は体がカラカラに乾燥しますが、湯たんぽなら大丈夫。ファシーの湯たんぽはゴム製で柔らかいので、座りながらでも膝やお腹に当てやすくて便利。

3

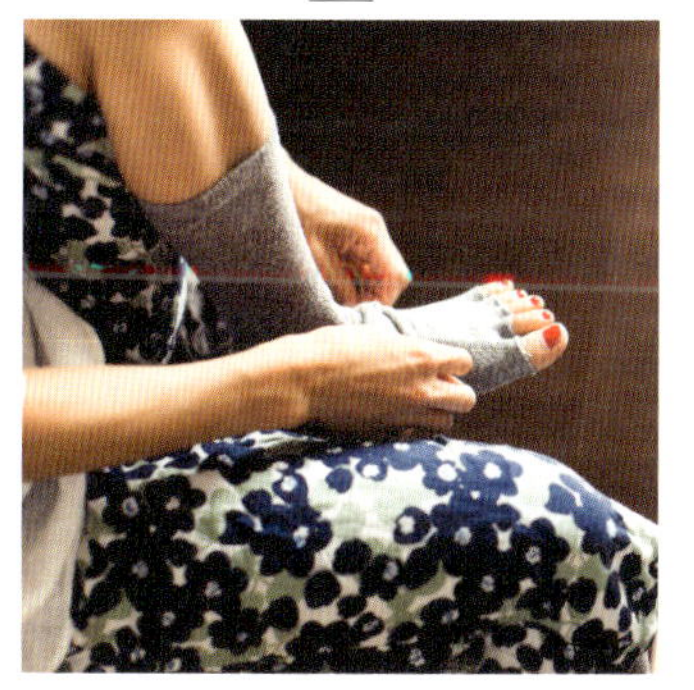

ヨガ用靴下を愛用

“蒸れるから靴下を脱ぎたいけど足は冷える”という時にぴったりなのがsuriaのヨガ用のレッグウォーマーや靴下。指先に開放感がありながら、足の甲と足首を温めてくれます。

4

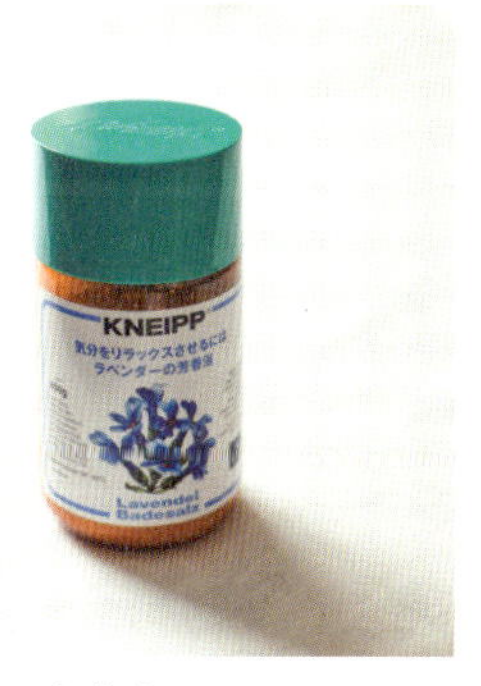

バスソルトを使う

保温効果を高めるために、バスソルトを使っています。さら湯よりも温もりが持続し、香りを楽しむことでリラクゼーション効果が。乾燥させたラベンダーで手作りすることも。

布ナプキンの効果と私の変化

私は生理がとても重く、寝込んでしまうほどでした。そんな時に出会った『昔の女性はできていた』という本。紹介されていた月経血コントロールは、ヨガの「骨盤底筋を意識する」こととつながるものでした。ふんわり膣を締めておき、出そうだなと感じたらトイレへ。経血を「垂れ流し」状態から、トイレで排出できるようになり、不思議と出血量も少なく。

布ナプキンで過ごせるようになり、かぶれも解消。経血の状態がわかるので、自然と体と向き合うことができます。生理痛も軽くなりました。生理は月に一度の体の大掃除。体の働きに感謝して、ゆったりと過ごすことが理想です。

足裏日光浴のススメ

外で行うヨガの最中、またはピクニックや海水浴など、とにかく外でのんびりしている時に、裸足になって足裏に太陽をあてます。普段は陽の光に当たることのない部分だけに、お日様を浴びてほんのり温かく感じ、細胞が喜んでいるよう。殺菌もできそうだし、とても気持ちがいいのです。

　足ツボなどでも言われているように、足の裏は体全体に関係するところ。裸足のままで芝生や砂浜の上を歩いてみると、これもほどよい刺激になって気持ちいい。足裏が刺激されると、足裏の筋力アップや新陳代謝の活性にもつながります。そして何より、心地よいのが一番の健康法だと思うのです。

防災について思うこと

リビングにある、家に唯一の大きな棚。天井との間に転倒防止の伸縮棒を突っ張っていますが、熊本の地震をきっかけに緩みがないかチェックしました。そして重いものや硬いものを上の方に入れないように収納場所を改めました。飾っていた額も減らし、飾る場所を下げて頭に落ちてこないようにします。

　家のものをさらに減らせないかどうかも、これを期に見直ししました。大きな家具が減るほど、家の中での被害は少なくて済みます。地震の時、自分の部屋のものに押しつぶされたり、ものが障害になって家から逃げられないようなことがないように。

　どこに住んでいても、いつ大きな地震に遭うかはわかりません。私にできるのは、暮らしを見直すこと。家の中をもので埋め尽くさないこと。そして、必要最低限の備えをするのも重要。

　旅行に使うリュックに、普段は防災用品を入れています。その中の水と保存食、ウエットティッシュなど数年でダメになるものはローリングストックです。賞味期限や使用期限が近づいたら使って、補充をします。

　あとは、普段から心身を強く、穏やかに保っていることが大切。そのためにも、ヨガは役立つと感じています。

棚の上には転倒防止策を。設置して終わりではなく、時折緩みがないかどうかなどメンテナンスを忘れずに。

リュックの中の非常食は、乾パン、カロリーメイト。リュックの外にレトルト食品、カップ麺。水も含め、ローリングストック。

8

暮らしに
よりそう
ヨガ

ヨガのある暮らし、暮らしの中にあるヨガ

ヨガは、難しいポーズをすることが目的ではありません。料理中も、掃除中も、どんな時でもヨガはできます。

そもそも「ヨガ」とは、サンスクリット語で「結ぶ」「つなぐ」という意味。「結ぶ」と聞いて何を結ぶと思ったのかは聞いた人次第で、それがその人にとっての大切なヨガ。体と心を整えるシンプルな方法のひとつなのです。

難しいことはなく、まずは呼吸を整えることから始まります。自分が今、どういう呼吸をしているか、どういう状態なのかを知ることが、ヨガの第一のステップ。焦ったり、怒ったり、悲しんでいたり……そんな時の呼吸は早く、浅く、止めてしまっている時すらあります。そのことに、気づくこと。

そしてポーズの際も一番尊重されるのは自分自身の体と心。無理はせず、キツイと感じたら深呼吸してリラックス。楽しみつつ、自分に愛情を注ぎながら行います。

自分が一番心地よい、というところを大切にしていくと、ヨガはどんどん楽しくなります。そして柔軟になり、体力や筋力がつき、バランス力が強くなる。これは体だけでなく、心に関しても同じ効果を期待できます。

私にとってヨガの練習は、ヨガの智恵を家事や暮らしに活かすこと。そう思うと、どんなこともヨガの練習につながっています。

呼吸から手放すことを学ぶ

ヨガの基本である、「自分の呼吸を意識する」「ゆっくり呼吸する」。このことから、多くのことを学びました。それまでは、「早く早く、あれもこれもしなきゃ」と大忙しだった私。口癖が「さっさとして」だったほどのせっかちでした。けれど実は、「やらなければいけないことなんてひとつもない」と気づいたのです。すべては、自分がやることを選んでいただけ。苦しいなら手放せばいいのに、当時の私はいろんなものを必死に掴んで手放せませんでした。

手放す勇気をくれたのは、「ゆっくり呼吸する」というとてもシンプルな行為。呼吸自体が、「吸う（取り入れる）」と「吐く（手放す）」でワンセット。どこかでしっかり吐き出さなければ、呼吸困難になって当然です。

取り入れ続けるばかりだった様々なものごとを手放してみると、時間がゆったりと流れるようになりました。というより、ゆったり流れていることに気づくことができた、というのが正しいのかもしれません。

普段の呼吸の質を高める方法

呼吸を意識してみると、とても浅かったり、時に止まってしまっていることに気づきます。深い呼吸は、体と心の健康に大きく関わる大切な習慣です。

1

まず吐く息から始める

「呼吸」という字を見ると、息を吐くという意味を持つ「呼」から始まっています。ヨガではまず、吐く息から始めます。いらないものを出してから、新しいものを入れます。まず鼻から軽く吐き、鼻からゆっくり大きく吸い、口から「はあ〜っ」とため息をもらすようにゆっくり吐くと落ち着きます。

2

鼻呼吸をするということ

ヨガの基本は鼻呼吸。鼻は自前のフィルターであり、マスクであります。口呼吸では雑菌やほこりが体内にダイレクトに入ってしまう。また鼻腔を通すと空気が湿り、のどの乾燥も防いでくれます。鼻呼吸は免疫を高めてくれるのです。まずは鼻から一息吐いて、両方の鼻の穴からゆっくり吸って、ゆっくり鼻から吐きます。慣れたら4カウントずつくらいで吸う、吐くを続けてみましょう。

3

「高級イチゴ」呼吸法

大きくて真っ赤で、一粒300円はしそうな高級イチゴを頂いた時、大喜びで食べながらふと思ったのです。「もし空気が一呼吸300円だったなら？」と。イチゴのように本来、酸素も貴重なもののはず。貴重な一口300円の酸素となれば、大切に、ゆっくり、深く呼吸できますね。普段、粗末にしすぎなのです。

4

「待ち時間」こそチャンス

私はスーパーのレジ待ちが苦手でした。つい「しまった、隣の方が早い…」などとイライラと考えてしまう自分がいや！　そこで、待ち時間はすべて呼吸の時間とすることに。息を吸い、ゆっくり息を吐く。難しく考えず、ただ深呼吸を繰り返す。そのうち列は進むし、気持ちも落ち着き、健康にもよいという素敵な時間に。

「ヨガ」という考え方の基本

ヨガの教えには、八支則という8つの段階があります。最初の段階である「ヤマ」と「ニヤマ」は、人としてどうふるまうべきかを示唆する、日常生活にとても役立つ教え。この実践あってこそ、ヨガのポーズですし、ヨガのポーズから気づかされることもあるのです。

まず「ヤマ」とは、慎むべきこと。①アヒンサ（非暴力）②サティヤ（正直）③アステーヤ（盗まない、妬まない）④ブラフマチャリヤ（性欲に溺れない・何事も度をこさない）⑤アパリグラハ（執着しない）。そして「ニヤマ」が実践すべきこと。①シャウチャ（清浄、清潔）②サントーシャ（満足、足るを知る）③タパス（苦行、努力）④スワディーヤーヤ（知恵を導く研究、学習）⑤イーシュヴァラ・プラニダーナ（神への献身、信仰）。

この後、ポーズの実践「アーサナ」、呼吸法「プラーナヤーマ」、感覚を制御する「プラティヤハーラ」、精神統一をする「ダーラナ」、瞑想の「ディアナ」、悟り「サマーディ」と進みます。

実は、多くの人が思い描く「ヨガ」はアーサナの一部でしかなく、上記を練習することがヨガなのです。私もまだまだできないことがたくさん。それが興味深く、楽しくもあります。だからヨガは、たとえポーズができなくなっても、一生続けられるものだと思います。

私が大切にしているヨガの教え

教えを知っていても、実践は易しいことではありません。けれど生活の中でふと、「こういうことなんだ」と腑に落ちることがあります。忘れることのないように、しっかり会得したい。

1

「今」に集中する

私は本来思い悩みやすい性格ですが、ヨガマットの上では「今」に集中しろと言われます。過去と未来に囚われすぎては、最も大切な今が見えなくなってしまう。特に私は、未来の「その時になってみないとわからない」ことに囚われすぎていました。「この先どうなるんだろう」「このままでいいのだろうか」という問いは、ある程度は必要ですが、「自分」や「今この時」を見失うのでは本末転倒。

2

足るを知る

「もっとお金があれば」「子どもがいれば」「家が広ければ」……人は幸せに対して、条件をつけてしまいがち。その条件はたいてい、周りと比べて出てきたものです。私も今あるものに目を向けず、「ない！ない！」と不機嫌な生き方をしていました。持っているものと幸せは関係がない。美しい夕暮れを眺めながら湧いてきた幸せを感じて、そんなことを思いました。

3

自分に正直に生きる

人からの評価を気にしすぎる自分がいました。その始まりは小学生の頃。文章を書くのが好きだったのに、周りに知られたら「ダサイ」といじめられると思い、隠したのです。自分に嘘をつき、好きなことを封じた。ヨガをし、今また自分の気持ちを文章で伝えるようになると、自分に正直でいられるようになりました。

4

人と比べない

人の幸せや成功に「おめでとう」と言いながら、小さく妬むことがありました。妬んでもろくなものを生み出しません。「じゃあ自分はこうしてみよう」と動いてみて、ようやく得るものがあります。嫉妬を手放すのは難しいですが、もし芽生えた時は客観的に「嫉妬があるな」と認めるだけでも前向きな力を持ちます。

日常に取り入れるヨガ

足指じゃんけんで遊ぶ

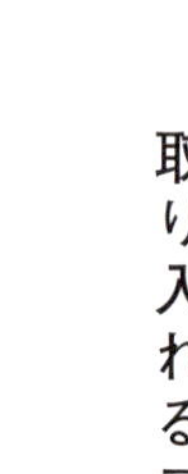

お年寄りから子どもまで、仕事中でも布団の中でもできる足指じゃんけん。足裏の筋力アップ・血行促進・外反母趾予防、むくみ解消に効果が。

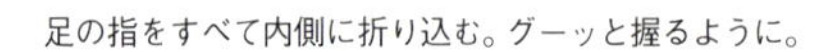

足の指をすべて内側に折り込む。グーッと握るように。

チョキは２種類。①親指を立てて、残りの４本を内側に折り込む。②親指を内側に折り、残り４本を反らせる。両方できるとなお良し。

５本の指をすべて、できるだけ開く。これら「グー・チョキ・チョキ・パー」を繰り返し、リズミカルに楽しく。10〜30セット。

パソコン中にもストレッチを

「疲れたな」と感じる前にストレッチ。息を吸いながら両手を頭上で組み、息を吐きながら左右に倒す。ゆっくり手を離してリラックス。肩まわりがじわっとほぐれます。

足首回しもヨガの準備

足裏や足先は自分を支えてくれる大切な場所だけど、自分の目から遠いせいかケアを怠りがち。むくみを感じる前に足首を回したり、足裏を叩いたりほぐします。

手足ぶらぶら運動も効果的

仰向けに寝て腕と足をまっすぐ上げ、細かく細かく揺すります。手足に滞っている血液やリンパの流れをよくして、疲れを取ってくれます。

ヨガの休息法とは

ヨガには、ただ寝そべる、突っ伏す、のようなシンプルな休息のポーズがあります。リラクゼーション効果がものすごく高いので、疲れた時にお勧めです。

○シャバアーサナ：仰向けに寝て足を腰幅に開き、目を閉じて全身の力を抜きます。手のひらは上に向け、呼吸とリラックスを味わいます。たった10分で充分に睡眠をとったような疲労回復効果が。

○バラーサナ：指を重ねず正座をした状態から、上体を前に倒しおでこを床につけます。手を前に伸ばし、ゆったり深呼吸して全身の力を抜きます。

まずはシンプルなポーズから、ヨガの効果を感じてみてください。

「何もしない10分間」のススメ

1回10分を、1日に2〜3回。合計20〜30分の時間、私は何もしません。ただ座るだけの「瞑想」です。最初は難しく、泡のように雑念が浮かんで頭の中はフル回転。何もしないどころではありません。

それでも呼吸に意識を向け、浮かんだものを〝判断せずにただ観察〟すると、だんだん泡が減っていきます。ついに、頭の中がすっかり静かな状態になった時、大きな心地よさがやってくるのです。

私も毎回その状態になるとは限りません。それでもただ座って自分を観察する。それだけです。

瞑想中は、呼吸が隅々まで行き渡って体も元気に。集中力も高まるので、気になる方は挑戦してみてください。

ろうそくの炎を見ながら瞑想に入るのもお勧め。瞑想は何もなくても幸せを感じられる、シンプルライフにぴったりのツールです。

まずやってみたい 太陽礼拝A

ヨガの基本の動きを呼吸に合わせて連動させるのが「太陽礼拝」。体を温めて代謝を上げ、全身の筋肉や関節をほぐすことができます。集中力も高まり、気分がリフレッシュ！

step 1 **中立のポーズ**

“サマスティティヒ”。足を揃えて立ち、手は体の横に。「親指」「小指」「かかと」に均等に体重がのっているのを意識し、まっすぐ立つ。しっかりと足をつけ、首をスッと上に伸ばし、リラックス。

step 2 **両手を上に**

息を吸いながら円を描くように両手を上にあげ、合掌する。気持ち良く伸びをする感覚で、視線は手の先に。

step 3 **前屈**

息を吐きながら前屈します。手は足の横に。最初は膝が曲がってもOK。肩や首の力を抜きます。目線は鼻先。

step 4 **頭を上げる**

吸いながら前を向く。胸を開きながら、背筋を伸ばし、頭と視線を上げます。

step 5 **板のポーズ（プランクポーズ）**

吐きながら右足、左足と一歩ずつ後ろへ下げます。足幅は腰幅に（慣れたら息を吐きながら4から6まで一息で入る）。

step 6 **四肢で支える杖のポーズ**

“チャトランガ”。視線は鼻の先へ向け、脇を締め、上腕が床と平行になるところでキープ。腕立て伏せのような姿勢。キツイ場合は膝や胸を床につけて無理せずに。

呼吸に合わせて気持
ちよく動いてみて

step 7 **上向きの犬のポーズ**

吸いながら両腕でしっかりとマットを押し、胸を持ち上げて上体を反らします。肩を下げて、視線は上へ。

step 8 **下を向いた犬のポーズ**

通称"ダウンドッグ"。吐きながらお尻を上げて背筋を伸ばし、頭を下げておへそを見ます。足は腰幅に開いて、かかとをしっかり床に下ろす。手は指も広げてマットを押す。このままゆっくり3〜5呼吸。

step 9 **足を元に戻す**

吸いながら右足、左足と一歩ずつ手と手の間に戻す。胸を開いて背筋を伸ばして、前を見る。

step 10 **前屈**

吐きながら3の前屈と同じところに戻る。

step 11 **両手を上に**

吸いながら上体を起こして両手を上げ手を合わせる。視線を指先に。

step 12 **中立のポーズ**

吐きながらまっすぐ立った状態・サマスティティヒに戻る。慣れればこのサイクルを呼吸に合わせて5回。慣れるまではステップ1つずつ、徐々に進めていくとOK。

おうちでヨガ・朝ヨガのススメ

私ははじめ、独学で家でヨガを始めました。その頃はまだマットもなく、カーペットの上でもできるストレッチ程度。その後スタジオに通いだし、家でもちゃんとヨガをするためのスペースが必要に。普段はしない姿勢になるので気づかなかったほこりも目立つし、おかげでものを減らし、掃除をするようになりました。

その後、早朝クラスにも通いだし、朝にヨガをする習慣ができました。朝が苦手だった私が、頭も体もスッキリと目覚め、この心地よさを味わいたいがために進んで早起きもできるように。家ヨガ・朝ヨガは、私の暮らしをよい方向に変えてくれたのでした。

外ヨガもとっても気持ちいい

足に大地を感じ、風を感じる。広い空の下でのびのびと体を動かすことは本当に気持ちいい！　いつもと違う感覚の中で心を安定させることも、ヨガの大きな練習になります。

オススメのヨガマット

家ではsuriaの厚さ4ミリのものを使用。動きのあるアシュタンガヨガをスタジオで練習する時は、分厚くて、クッション性もグリップ力も良く、耐久性も抜群なブラックマット。旅行や外ヨガの時には、折り畳めるトラベルヨガマットを持っていきます。

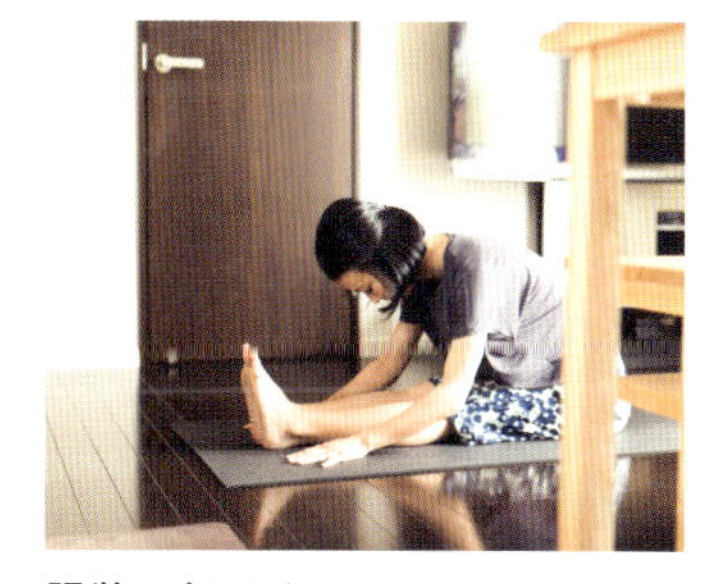

服装は何でもOK

動きやすければ服は何でも大丈夫。スタジオではめくれたりしにくいヨガウェアもおすすめ。最近は可愛いものがたくさんあって、着ていてラクなので、普段着にも兼用しています。

ヨガを始めたい人へのQ&A集

私が最初に独学で学んだのは「ハタヨガ」。初めてスタジオに行ったのは「アシュタンガヨガ」でした。今はアシュタンガヨガをメインに練習しつつ、ゆっくりと自分と向き合いたい時はハタヨガなどを練習。まずは実践し、体感してみてください。

Q ヨガにはどんな種類があるの？

A ものすごい数の種類があり、ストレス解消、リラックス、運動不足解消など目的に合わせて探してもいいですね。例えば体をしっかり動かしたい人は、「アシュタンガヨガ」「ヴィンヤサフローヨガ」「パワーヨガ」など。動くよりリラクゼーション重視なら、「ハタヨガ」「陰ヨガ」「リストラクティブヨガ」など。まずは気になるものにチャレンジしてみて。

Q どうやって教室を見つければいいの？

A 同じヨガでも、先生の個性によって伝え方は様々。ネットなどでスタジオを検索し、まずは体験コースなどに行ってみるのがおすすめ。「何か気になる」この感覚に従ってみることも大事だと思います。

Q 料金はいくらくらいかかるの？

A ジムのヨガクラスを受けるなら、ジムの月謝で受け放題。ヨガスタジオだと、だいたい1回3000円くらいが相場で、割安になるチケット制のところも多いです。個人や自治体が主催のものだと、もう少し安いところも。

Q 体が硬くてもできる？

A 私も体が硬かったのでわかるのですが、硬い人ほどヨガで柔らかくなる変化がわかるので面白いです。大切なのはそこへ向かう過程。綺麗なポーズをとることが目的ではないので、体が硬くても気にせず、変化を楽しんで。そして深呼吸で体は柔らかくなります。

Q 毎日しないとだめですか？

A 可能であれば、1週間に1回だけ1時間するより、1日1回5分でもいいからやる方が習慣化するし、体も柔らかくなります。とはいえ、やることが義務にならず、自分で楽しめるペースで。

Q 独学では難しい？

A 私も最初は独学でした。本を読んだり、DVDを見たり。ただ、視線がどうしてもテレビに向いてしまうこと、「ここ固まってるよ」などの自分にはわからないアドバイスが受けられないことがネック。良い先生との出会いはそれだけで大きく変わることも。

Q スタジオには
どんな人が来ていますか？

A 選ぶヨガの種類によって雰囲気は様々。老若男女問わず通われているクラスもあれば、ホットヨガなどは女性専用のところも多いですね。

Q ダイエットになりますか？

A ヨガは中庸に戻すという考え方をするので、太りすぎている人はやせるし、やせすぎている人は太ることも。私はすぐやせてしまう体質だったのですが、ヨガをしたら5kg増やすことができました。自分にとって健康的な体重に近づきます。

Q どんなマットを
選べばいいの？

A 実践するヨガのタイプにもよりますが、まずはグリップ力があること。マットの上で滑ってしまっては意味がありません。ヨガスタジオでレンタルしたものをチェックするのもおすすめ。ヨガ用品店で試せることもあります。自分が好きな色で選ぶのも楽しみになりますよ。

2年の余白、ブランクが与えてくれたもの

約10年前にヨガスタジオに通い始めて、アシュタンガヨガをメインに練習してきました。ここでは、「one day coming（毎日ただマットの上に立ちなさい。いつかその日は来る）」と教えられます。

でも、結婚して東京に引っ越すと、だんだん練習をしなくなってしまいました。ハタヨガや太陽礼拝は家でしていたけど、アシュタンガヨガは数か月に一度スタジオでする程度。東京には有名な先生がいっぱいいて、レッスンを受けようと思えばいつでも受けられる環境。以前ならわざわざ新幹線や夜行バスに乗ってまで受けに来ていたのに。

それが、2年を経て京都に戻ってきてから、またなじみの教室に通いだしてアシュタンガの練習をしています。このヨガは、最初から最後までマラソンのように動き続ける割と運動量の激しいメソッド。ゆえに2年のブランクで筋量と持久力が落ち、できなくなったポーズもありました。

でも、休んでよかったこともあるのです。改めて初心に戻り、心身の使い方に対する意識が変わった。仲間はどんどんレベルを上げて、置いていかれたけど、それも気にならなくなった。すると途端に、できなくなっていたことが取り戻せて、以前できなかったことまでできるように。ブランクがあったからこそ、与えられたものだと感じました。

結局これが、私のペースだった。なかなか不真面目な生徒ですが、それでも私はやっぱりヨガ、なかでもアシュタンガヨガが好きなんですね。今は純粋に、練習を楽しむ自分がいます。戻ってきた時に変わらず受け入れてくれた先生にも感謝しています。

自分に無理なく楽しめるペース。長く続けていくためには、いつでもそれを持っていたいなと思うのです。

9

ヨガと
シンプルライフ

ヨガもシンプルライフも1つのツール

今ではヨガスタジオも増え、いろんな流派があり、みんなそれぞれのヨガで楽しんでいます。時には「○○は間違っている」のような批判も聞いて残念に思うこともあるのですが、自分と違う考えの人をどう受け入れていくのかも1つのヨガの練習だと思っています。

そして、人がヨガを始める理由は様々です。健康になりたい、きれいになりたい、心の安定を得たい……等々。でも、どれも行きつくところはすべて同じなのではないでしょうか。入り口は違って、やり方も違うかもしれないけれど目指すところは同じだったり。たまたま私が選んだものがヨガだった。何を選ぶのかはその人次第。

私にとっては、ヨガもシンプルライフも、楽しく暮らすための1つのツールであり生き方です。ツールと言っても、大切な宝ものような存在。

心地よくて、楽しそうな道を歩んでいけばいいだけ。そのために、心地よさを見つける感度だけは持ち合わせていたい。何かに囚われて、見逃すことのないように。

シンプルに暮らす考え方

―楽観主義者の信条―

10年ほど前、「ヨガヨム」というフリーペーパーに素晴らしい言葉を見つけ手帳に写しました。〝楽観主義者の信条〟というものです。以下抜粋。英文の抄訳です。

「自分に約束しよう。強く在り、何からも心の平和を乱されないこと。何についてもいい側面を見て、楽観的であること。他人の成功を、自分の成功のように強く望むこと。過去の失敗は忘れ、未来の成功に向かって突き進むこと。いつも快活で、すべての命あるものに微笑みを。他人を批判する時間があったら、自分の向上に使うこと」

私はとくに「何についてもいい側面を見て、楽観的で」「いつも快活で、命あるものに微笑みを」の箇所がお気に入り。同時に、気をつけようと思う点でもあります。

そして、自分の様々な面に気づかされます。「他人の成功を自分の成功のように」望めず、嫌悪感でいっぱいだった時期もありました。ヨガという観点だけではなく、日々の暮らしにも生きる言葉たち。時々読み返して、心に浸透させたいと思っています。

家族が楽しく回るシンプルな法則

結婚して他人だった人と暮らすということは、相手の得意なことや苦手なことを受け入れるということ。同時に、自分の得意と苦手を自覚して受け入れる作業も伴います。それを面倒と思うのか、面白いと思うのか。

そして結婚して初めて、褒め合うっていいことなんだと気づきました。それまで褒めるのも褒められるのも苦手でしたが、「いいな」と感じたことを伝えれば相手も喜び、まわりまで明るくなる。

その「いいな」は、相手を観察しないと気づきません。「観察する」とは、ヨガの最中によく言われる言葉。普段社会に出ると、その人そのものを見てもらえる機会は多くありません。様々なレッテルを貼られて不自由に生きている。だからこそ、家の中では色眼鏡を外して相手を見ていたい。家族の行動を先入観なく見て尊重したい。

これまで、家族と自分の違った部分を面倒だと感じていました。結婚して違いこそ面白いと思えるようになり、実家との付き合い方も少しずつ変わってきています。

家族のために時間を使いたい

暮らしがシンプルになり、より身軽になれた後、私が向き合えるようになったことに、実家の問題、特に弟のことがあります。

幼い頃、姉弟仲はとても良かったのですが、小学生になり、ある1つの出来事をきっかけに私たちの仲は険悪になりました。正直に言えば、私が彼を見放したのです。守ってやるべき存在だった彼から、心を閉ざして逃げました。自分を守るためだったとはいえ、この行動はとてもひどいことでした。彼はもう気にしていませんでしたが、私は胸の中にしこりが残ったまま。

このしこりはヨガのポーズにも顕著に表れ、胸を開くポーズはずっと苦手。姉弟仲が良くなることはなく大人になってしまいました。

自分を身軽にした後、ようやくそのことを受け入れることができたのです。そして、シンプルに暮らすことは、家族の生き方にとっても役立つことだと気づきました。

彼は片づけが苦手なこともあるので、一緒に手伝いながら、伝えていけたらと思います。自分の身の回りのことを簡単にしておくと、周りへの手助けも身軽にできるようになる、そう感じています。

感情まで手放そうとしない

「楽しい」「嬉しい」はいい感情だから欲しい、「怒り」「悲しみ」は悪い感情だから捨てたいと、そんな風に考えがちです。でも、ヨガをする中で、感情に良し悪しなどないと気づきました。やってきた感情を、徹底的に味わうのがヨガ。ヨガをしていても、つらいことも憎いことも起こります。変われるのは、その受け取り方だけ。

昨年は母を亡くし、私は悲しみにくれました。その時、悲しむことを悪いことだと思わないように、ただその感情と向き合い、母の不在を悲しみました。するといつの間にか、母の死とその悲しみが、決してネガティブなものではなくなっていたのです。無理に明るく振る舞おうとせず、悲しみと向き合ったから、受け入れることができた。排除したい感情でも、自分の一部であり、受け入れて愛する必要があるのです。

憎しみや恐れとも向き合うことは、その感情を持つ自分を認めたくないのか、難しい。ただ、その感情が自分のすべてではないことも、わかるようになりました。

あるものも、ないものも受け入れる

結婚して3年、私たちにはまだ子どもがいません。もちろん、授かれば嬉しい。でも授からなかったとしても、夫婦で仲良く暮らして、保護猫を迎え入れようと話しています。無理せず、自然に任せたいと思っています。

子どものいる人生も、いない人生も、どちらでも受け入れたい。もしかしたら子どもを育てる役割が私たちに与えられなかったとしても、別の役割があるかもしれない。いなくてもまあ、2人で楽しく暮らそう。そう思えるようになり、とてもラクになりました。「できて当たり前」という思いが強かった時は、「子どもはまだ？」という言葉に消耗し、周りにどんどん置いていかれているようで悲しくもなっていたのです。

家庭や子どもを持つ幸せ、仕事に没頭する幸せ、自由に生きる幸せ。人それぞれです。そしてそれらのすべては、決して当たり前ではない。自分にとって何が幸せなのかを、人の意見ではなく自分でしっかり見極める力が必要だと思っています。

人生の流れに身を任せる

人生には本当に何があるかわからない、というのは母の死を通じて学んだこと。そこから、より身軽に生きていいようという思いが強くなりました。大切なことに、すぐにフォーカスできるように。

母のことで京都に帰ってきてようやく少し落ち着いた頃、夫が数か月間、単身赴任したこともありました。関東に行くと聞いた時は、また引っ越し!? と一瞬動揺しましたが、そうなればそうなった時で対応すればいい、と思い直しました。

変化もチャンスも様々やってくるけど、その時々に一番いい選択ができたらいい。シンプルな暮らしは、その「いつ来るかわからない肝心なポイント」で、雑多なあれやこれやに紛らわされることなく、一番大切なことを見極めるためでもある。それを再認識した出来事でした。

〝変化を受け入れ、流れにのる〞とは、実は大きなヨガの練習です。頭がカチカチでは受け入れられないこともたくさん。体も頭も柔軟に。それもまた、ヨガなのです。

すべては起こる
見方だけを変えられる

　ヨガのポーズが楽しくなってきた頃、私は勘違いをしていました。「ヨガをすれば嫌なことはなくなり、幸せなことばかり起こる」と。ストレスがピークの頃で、ヨガで体と心がスッキリして、そんな夢のようなことを思ったのでしょう。

　でも、人生で起こることはヨガに関係なく起こります。変われるのは、その見方だけ。例えばある夜、乗った電車が数十分止まってしまいました。満員の乗客はイライラ。そんな中、むしろその状況をただ観察し、足を踏まれても心を乱されない自分がいました。

　私たちは、実はどんな状況にいても平和や幸せを感じることができます。そのことを初めて実感したのは、意識をなくしかけている母と病室で2人きりの時。つらい心と体の奥にある、何も変わらない「母」と「私」を感じたのです。母と私がここにいる、それだけでなんて幸せなんだろう、と。

　ヨガが私にもたらしたのは、ものの見方の変化です。自分次第で、世界はこんなにも変わるのだと知ったのです。

おわりに

「ヨガとシンプルライフ」というブログは、母からの「あなたはあなたの生活を大事にしなさい」という一言から始まりました。

母が亡くなる数か月前のこと。当時、母は入院生活が続いていて、いつ退院できるんだろうという状態。漠然とした不安の中、私は仕事の休みの度に、東京と京都を毎月行ったり来たりしていました。そんな私を気遣っての言葉だと思います。

自宅を空ける日も多かったので家事も夫に任せていたり、自分のことは後回しになっていたことも事実。もう一度暮らしを見直しながら何か好きなことをやってみようとブログを始めました。今思えば、文章を書くことが好きだった母。だんだん文章を書く気力もなくなってきていた頃、私にその能力を引き継いでくれたのかもしれません。

ヨガをしてシンプルに暮らすことを心掛けてはい

ましたが、そこから更にもう少し、大事なことにフォーカスするために、より身軽になりたい、と。母の病と向き合うことはその1つのきっかけでした。

その過程や気持ちをブログに綴ることは、頭や心の整理にもなりました。残念ながら、母はその後余命宣告を受けわずか1か月で亡くなってしまいました。

ですが、母の一言で始めたこのブログがこうやって1冊の本になったということ。不思議な縁を感じずにはいられません。最初に声をかけてくださった編集の佐々木さん、協力してくださった矢島さん、仲尾さん、デザイナーさん。そして、本を出すなんてことを正直恐れていた私の背中を押してくれた夫やブログ仲間、友達。一緒にヨガをする仲間、先生方。いつもブログを読んで応援してくださる方、この本を手にとって下さった方。温かく見守ってくれる家族たち。最後に、大好きだった天国の母に。皆様のおかげで1冊の形になりました。

本当にありがとうございます。

STAFF

撮影　仲尾知泰、みう
編集協力　矢島史
AD　三木俊一
デザイン　吉良伊都子（文京図案室）
校正　玄冬書林
編集　佐々木典士

ヨガ と シンプルライフ

2016年8月10日　初版発行
2016年10月1日　3版発行

著者　みう
発行者　横内正昭
編集人　青柳有紀
発行所　株式会社ワニブックス
〒150-8482
東京都渋谷区恵比寿4-4-9 えびす大黒ビル
電話　03-5449-2711（代表）
　　　03-5449-2716（編集部）
ワニブックスHP　www.wani.co.jp
WANI BOOKOUT　www.wanibookout.com

印刷所　美松堂
DTP　アレックス
製本所　ナショナル製本

定価はカバーに表示してあります。

落丁本・乱丁本は小社管理部宛にお送りください。送料は小社負担にてお取替えいたします。

ただし、古書店等で購入したものに関してはお取替えできません。

ISBN 978-4-8470-9477-4